JN125982

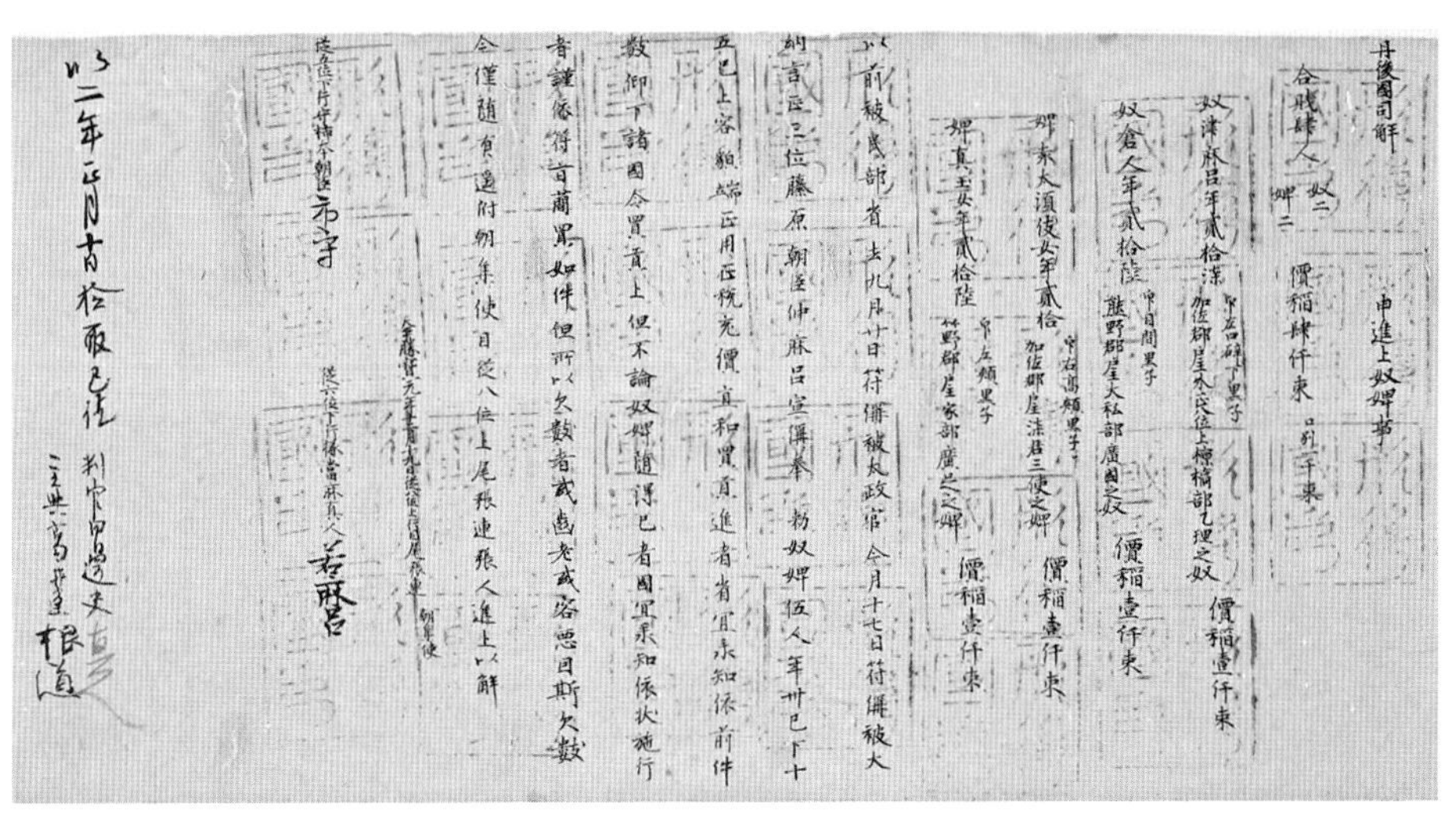

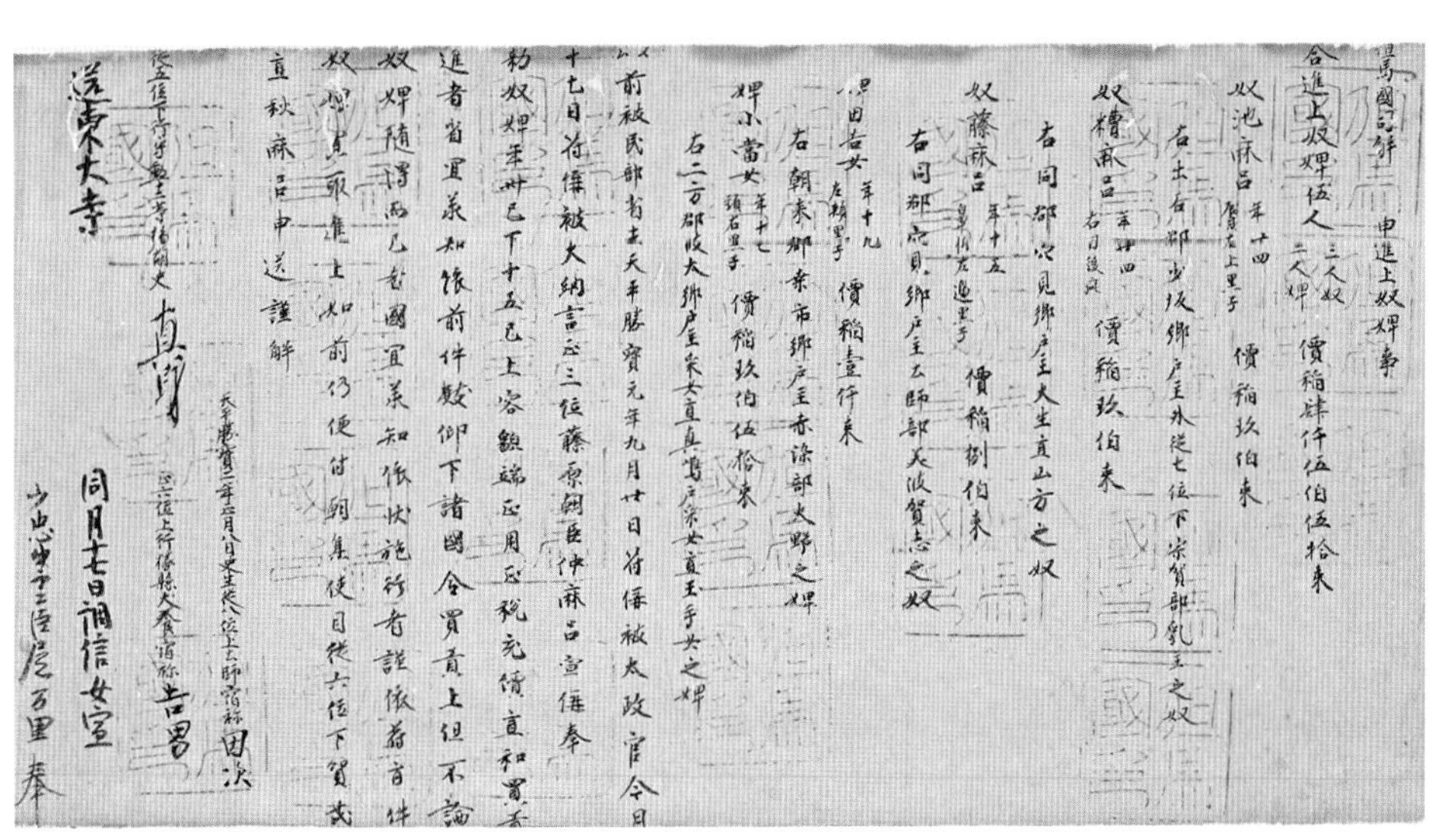

《上》**丹後国司解**　正倉院宝物　東南院文書　第４櫃附録第９巻（本文32頁）

《下》**但馬国司解**　正倉院宝物　東南院文書　第４櫃附録第９巻（本文36頁）

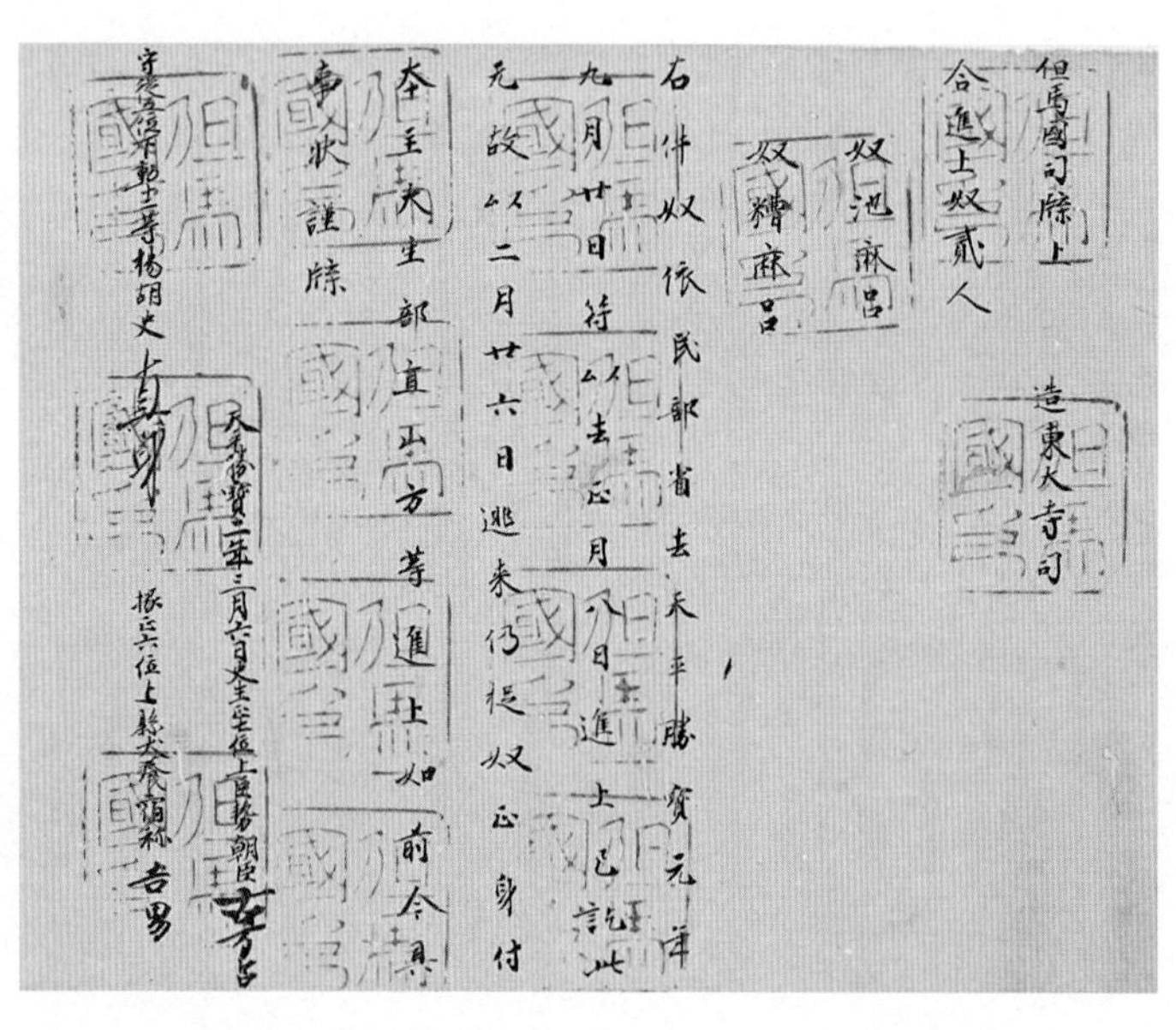

但馬國司牒上　造東大寺司
合進上奴貳人
奴池麻呂
奴糟麻呂
右件奴依民部省去天平勝寶元年
九月廿日符以去正月八日進上已訖此
元故以二月廿六日逃来仍捉奴正身付
本主大生部直山方等進上如前今具
事状謹牒
天平勝寶二年三月六日史生正八位上[illegible]朝臣[illegible]
守従五位下勲十二等楊胡史[illegible]
掾正六位上[illegible]吉男

但馬国司牒上　正倉院宝物　東南院文書　第5櫃第11巻（本文39頁）

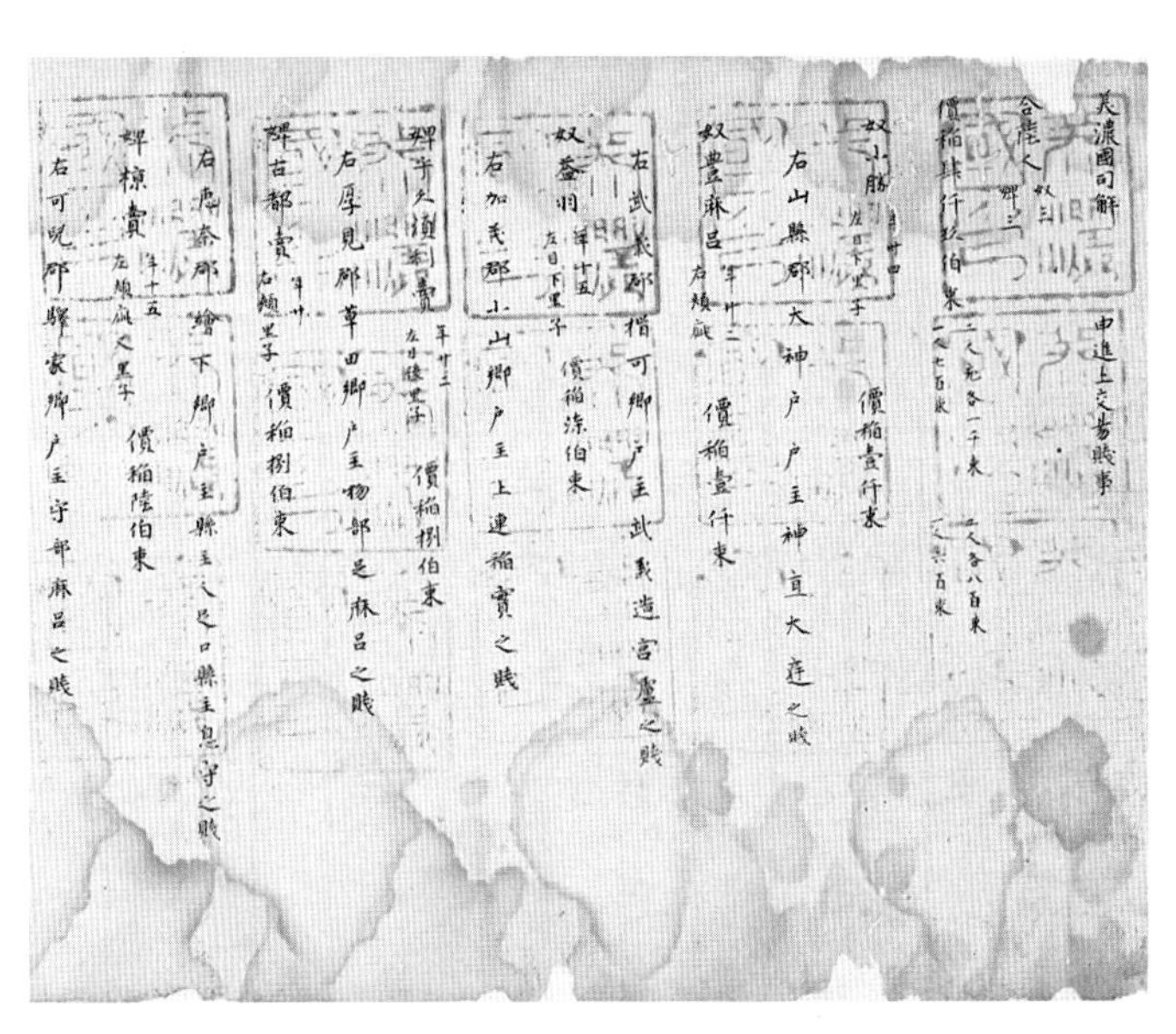

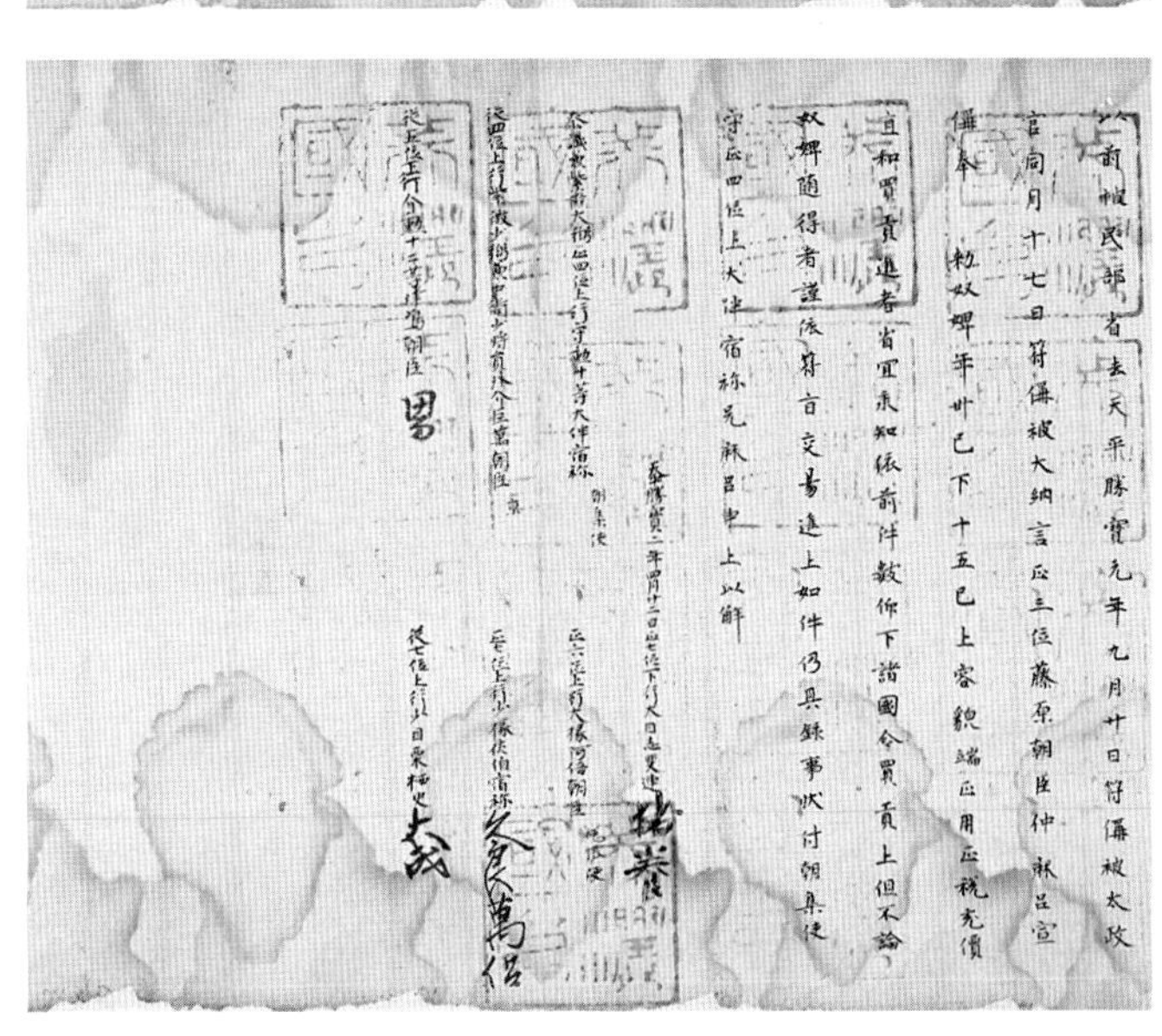

美濃国司解　正倉院宝物　東南院文書　第5櫃第11巻（本文50頁）

近江国坂田郡司解　正倉院宝物　東南院文書　第5櫃第11巻（本文57頁）

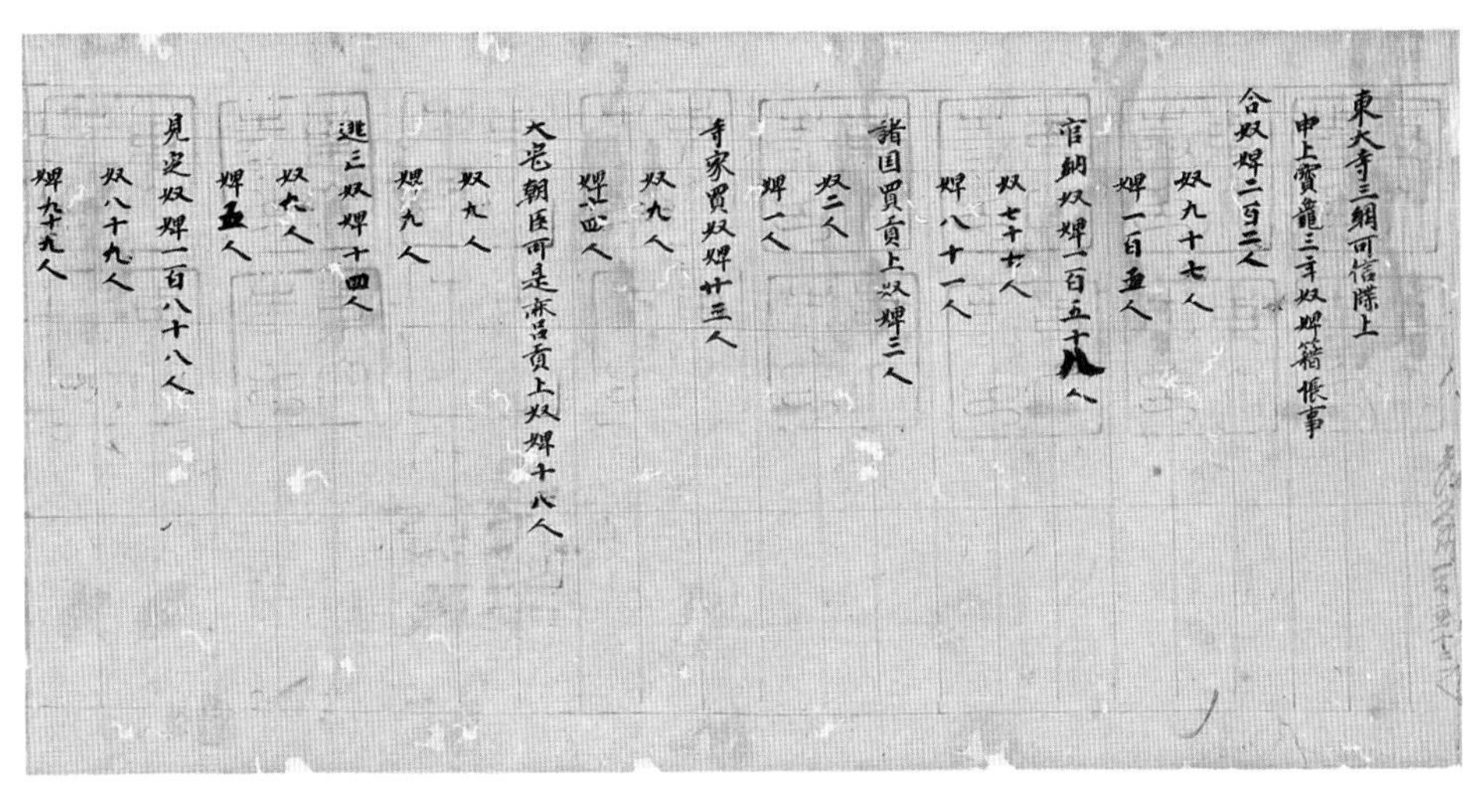
東大寺三綱可信牒上
申上寶亀三年奴婢籍帳事
合奴婢二百二人
奴九十七人
婢一百五人
官納奴婢一百五十九人
奴七十七人
婢八十一人
諸国買貢上奴婢三人
奴二人
婢一人
寺家買奴婢廿三人
奴九人
婢十四人
大宅朝臣可是麻呂貢上奴婢十八人
奴九人
婢九人
逃三奴婢十四人
奴九人
婢五人
見定奴婢一百八十八人
奴八十九人
婢九十九人

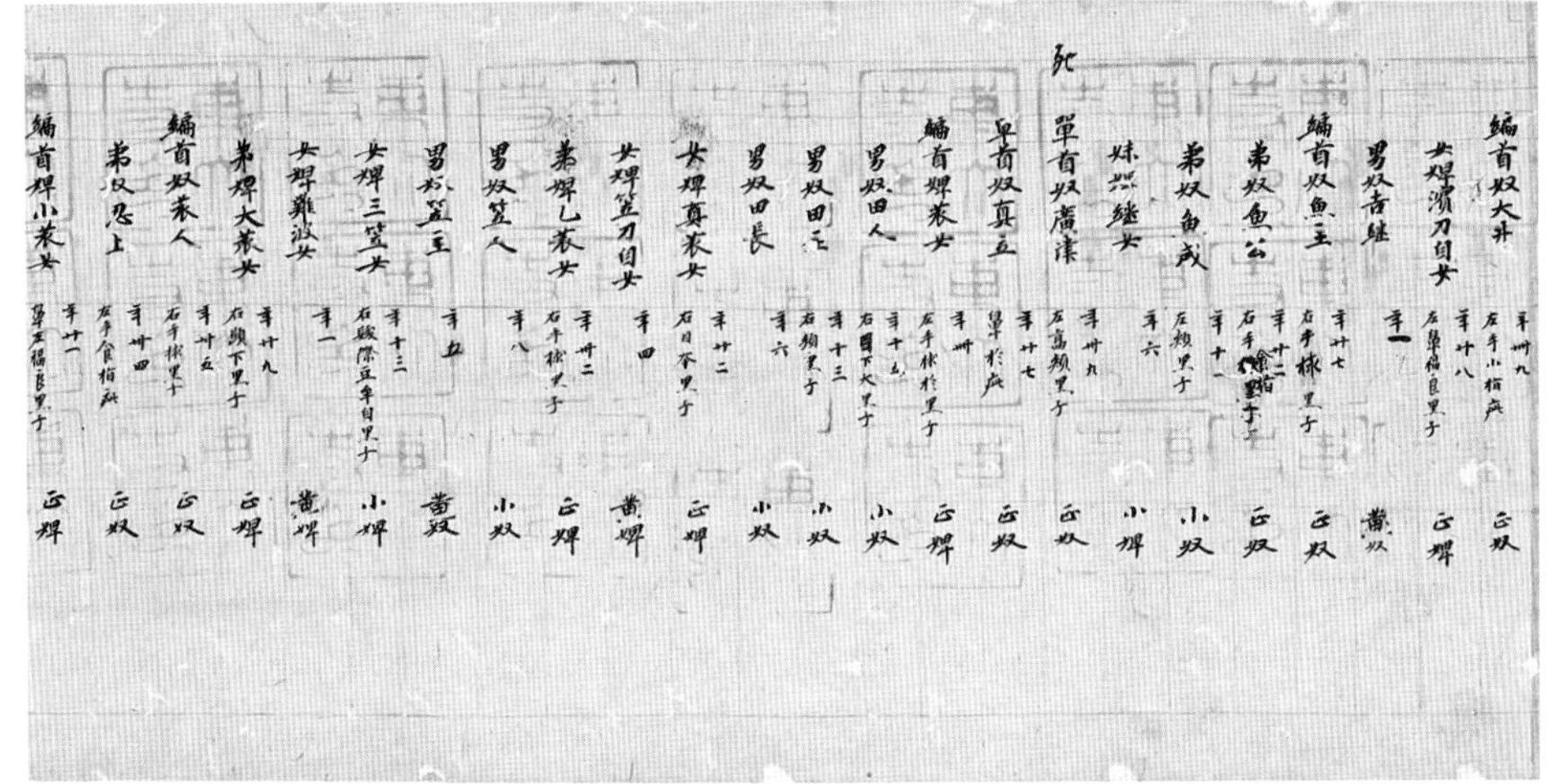
編首奴大井　年卌九　左手小指疵　正奴
女婢濱刀自女　年十八　左鼻副良黒子　正婢
男奴吉継　年一　黄奴
編首奴魚主　年廿七　右手[illegible]黒子　正奴
弟奴魚公　年十二　右手食指黒子　正奴
弟奴魚成　年十一　左頬黒子　小奴
妹婢継女　年六　小婢
死
單首奴廣津　年卌九　左高頬黒子　正奴
單首奴真立　年廿七　鼻於疵　正奴
編首婢衣女　年卌　左手[illegible]黒子　正婢
男奴田人　年十五　右面下大黒子　小奴
男奴田主　年十三　右頬黒子　小奴
男奴田長　年六　小奴
女婢真衣女　年廿二　右目本黒子　正婢
女婢笠刀自女　年四　黄婢
弟婢乙衣女　年卅二　右手[illegible]黒子　正婢
男奴笠人　年八　小奴
男奴笠主　年五　黄奴
女婢三笠女　年十三　右眼際豆率自黒子　小婢
女婢難波女　年一　黄婢
弟婢大衣女　年廿九　右頬下黒子　正婢
編首奴衣人　年廿五　右手[illegible]黒子　正奴
弟奴忍上　年卌四　左手食指疵　正奴
編首婢小衣女　年廿一　鼻左副良黒子　正婢

東大寺三綱可信牒上　正倉院宝物　東南院文書　第5櫃第6巻（本文187頁）

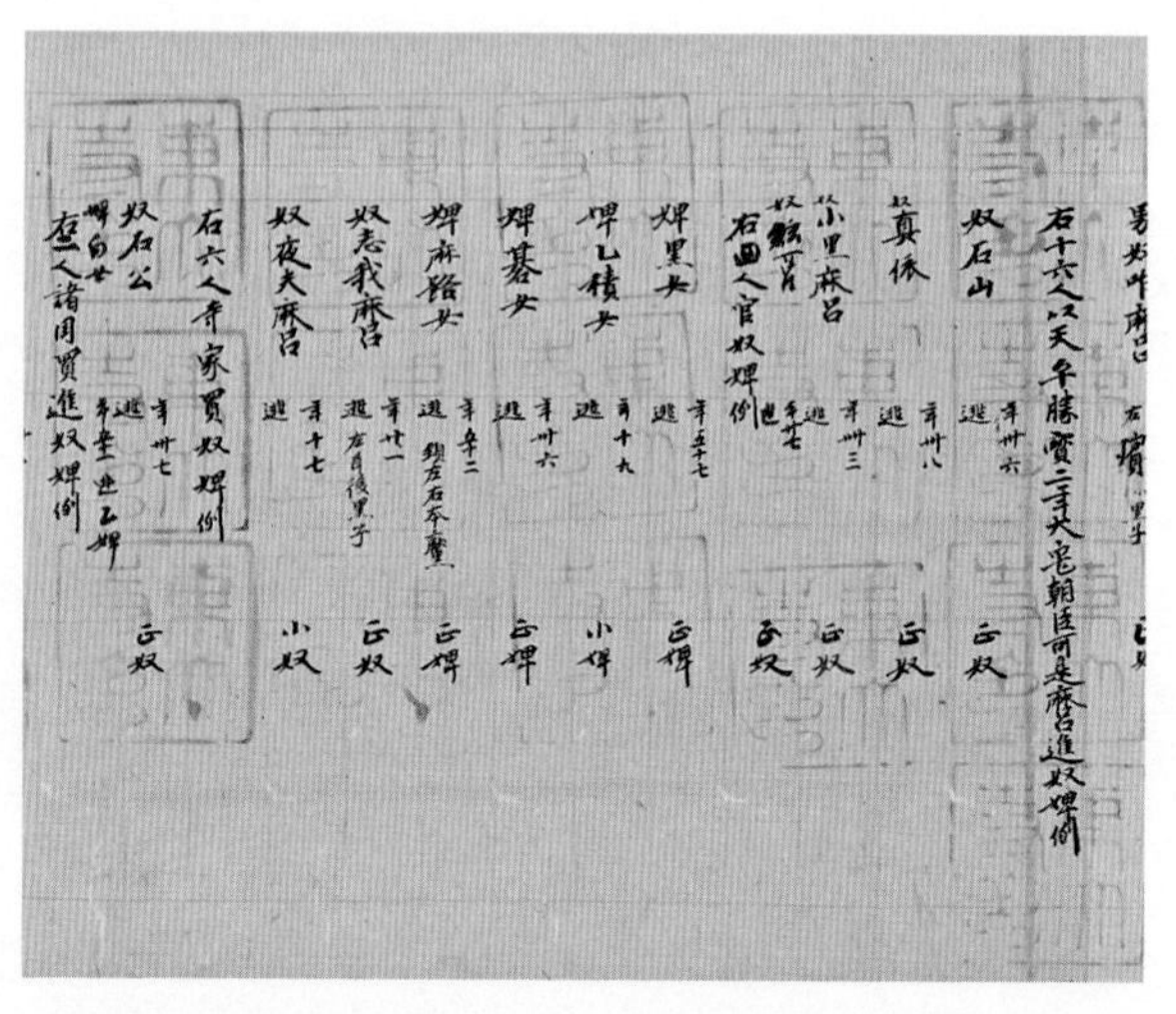

男牛麻呂　右頰小黒子　正奴

右十六人以天平勝寶二年大宅朝臣可是麻呂進奴婢例

奴石山　年卅六　進　正奴

奴真依　年卅八　進　正奴

奴小黒麻呂　年卅三　進　正奴

奴鰯麻呂　年十七　進　正奴

右四人官奴婢例

婢黒女　年五十七　進　正婢

婢乙積女　年十九　進　小婢

婢甚女　年卅六　進　正婢

婢麻路女　年五十二　進　額左右本黶　正婢

奴志我麻呂　年卅一　進　右肩後黒子　正奴

奴夜夫麻呂　年十七　進　小奴

右六人寺家買奴婢例

奴石公　年卅七　進　正奴

婢白女　年[illegible]　進　正婢

右二人諸司買進奴婢例

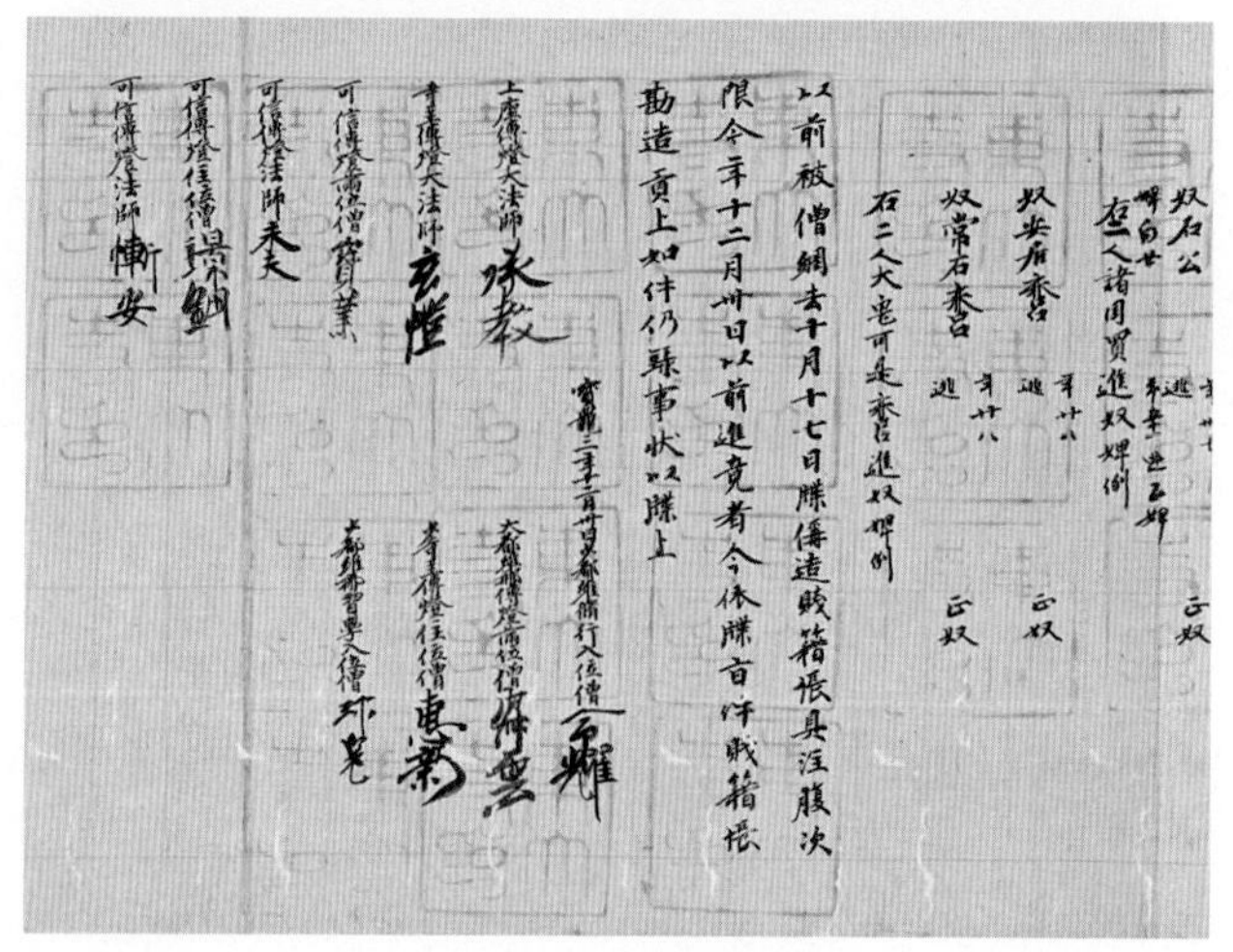

奴石公　年卅七　進　正奴

婢白女　年[illegible]　進　正婢

右二人諸司買進奴婢例

奴安麻呂　年廿八　進　正奴

奴常石麻呂　年廿八　進　正奴

右二人大宅可是麻呂進奴婢例

以前被僧綱去十月十七日牒偁造賤籍帳具注膚次限今年十二月卅日以前進竟者今依牒旨件賤籍帳勘造貢上如件仍録事状以牒上

寶亀三年十二月廿日都維那修行入位僧 [illegible]

上座傳燈大法師 承教

寺主傳燈大法師 [illegible]

可信傳燈満位僧 實業

可信傳燈法師 永夫

可信傳燈住位僧 [illegible]

可信傳燈法師 [illegible]安

大都維那傳燈満位僧 [illegible]

寺主傳燈住位僧 [illegible]

大都維那習學入位僧 [illegible]

東大寺三綱可信牒上　正倉院宝物　東南院文書　第5櫃第6巻（本文192頁）

『信貴山縁起絵巻』尼公の巻　東大寺大仏殿参籠の場面　朝護孫子寺蔵　画像提供／奈良国立博物館
(治承の兵火罹災以前の大仏殿の情景を知る唯一の史料)

良弁僧正坐像　東大寺蔵　画像提供／奈良国立博物館
（東大寺の開創に尽力し大徳と慕われた。大仏開眼の前年、少僧都に任じられ、
仏教界の指導的役割を果たし、聖武天皇崩御に看病禅師として褒賞された）

東大寺奴婢集団のサバイバル

森本公誠 著

慈悲につつまれて

阿吽社

目　次

はじめに……11
東大寺の古文書／聖武天皇の東大寺行幸／八幡神の東大寺参拝／封戸と奴婢／古代律令制下の良賤制

第一章　藤原仲麻呂による買賤進上政策……21
一　近江国司解……22
東大寺への奴婢施入／奴婢帳目録／公式令の定め／稲と正税／正税の内訳／奴婢の対価
二　丹後国司解……31
丹後国よりの奴婢進上／仲麻呂の買賤進上政策／造東大寺司／買賤進上政策の難渋
三　但馬国司解……36
但馬国よりの奴婢進上／奴、逃亡す

四　寺家の対応……40
上座安寛の不安／移の代用としての牒／奴、ふたたび逃亡す／奴の返還／婢の逃亡／婢古麻佐賣／奴婢逃亡の理由
五　美濃国司解……50
美濃国よりの奴婢進上／婢椋女の逃亡
第二章　寺家による奴婢の買取り……55
一　近江国坂田郡司解……56
三綱による奴婢帳分類／坂田郡立券文／立券の背景／奴婢の売買価格
二　平城京の行政組織……61
平城京の行政区画／平城京の行政組織／坊令から条令へ
三　京職関連文……64
左京一条令、解し申す／左京職移／寺家返券文の事／奴婢の試用期間と支払い猶予／文広河による進賤解案

第三章　天皇による官戸奴婢の施入……71

一　官戸と官奴婢……72

官奴司による奴婢管理／官戸と官奴婢の身分差／官奴婢の技能と業務／没官の奴婢／官戸奴婢の家族的構成

二　唐令との比較……76

戸令第三八条／『旧唐書』の記事／戸令第三八条の意味

三　天皇による施入指針と思想的背景……80

聖武天皇の意図／聖武天皇による雑戸の解放／聖武天皇の仁恕と法恩／聖武天皇の仏教への傾倒／仏教思想の深化と奴婢の解放

四　官奴司解……87

施入奴婢の選定／施入奴婢の年齢構成

五　施入奴婢の旧所属……95

所属の種類／嶋宮の奴婢／春日村／飽浪村／奄知村／広瀬村／今奴婢／大粮申請文書に見える職種別人員構成

六　選定後の手続き……101
名簿案を太政官へ提出／太政官から治部省へ／聖武天皇の勅の引用
七　寺奴婢共同体の創設……105
奴婢の再編成／元奴長佐伯伊麻呂の誕生／
施入奴婢の交替／代替婢の逃亡
八　奴婢の処遇……111
美気女と小楓女の処遇／所属奴婢解放の手続き／逃亡奴婢の探索／
奴小足の場合／婢広山女の場合／奴忍人らの場合
九　寺奴婢の仕事……117
（一）施入後の状況　117
大仏造立の進捗／東大寺施入奴婢の仕事／元嶋宮の奴大井／
元寺家買取り奴垂水麻呂／元奄知村の常奴東人／集団の寺婢／奴婢の派遣
（二）幼少奴婢の成長　129
楽具欠失届け　その壱／奴婢の子供の成長／楽具欠失届け　その弐／
正倉院宝物貸出しに見える奴婢　その壱／楽具欠失届け　その参／
正倉院宝物貸出しに見える奴婢　その弐／幼少奴婢の成長と教育／
婢から女医への道

第四章　大宅朝臣可是麻呂による奴婢の貢進……141

一　大宅朝臣広麻呂の戸賤……142

奴婢寄進文書の分析／逃亡奴婢の相続と訴訟

二　可是麻呂による東大寺への奴婢貢進……147

可是麻呂による奴婢貢進名簿

三　東大寺による逃亡奴婢の捕捉……153

逃亡奴婢の探索／見来帳の一通目／見来帳の二通目／見来帳の三通目／見来帳の四通目／見来帳の五通目

四　茨田久比麻呂の控訴……164

茨田久比麻呂の訴状／提訴人の同定

第五章　寺奴婢の再編と解放……171

一　その後の寺奴婢の解放……172

（一）東大寺三綱牒上　172

奴婢の解放／奴婢解放の手続き／新しい姓の付与

（二）従良奴婢注文　178
新たな奴婢の解放／仏教政策の転換／解放された人々
二　孝謙・称徳天皇による奴婢対策……182
（一）官奴婢の解放　182
孝謙天皇の奴婢対策
（二）薬師寺奴婢の解放　184
仲麻呂の乱の論功行賞
（三）寺奴婢に賜爵　185
称徳天皇の行幸
三　宝亀三年の東大寺奴婢籍帳……186
（一）寺奴婢調査の徹底　187
光仁天皇の治世
（二）造籍の目的　194
僧綱からの指示／寺院側の対応

(三) 官奴司解歴名との比較 195
奴婢籍帳の参照
(四) 編首集団の実態 211
四 桓武天皇による奴婢対策……213
(一) 仏教勢力の抑制 213
桓武天皇の即位と改革／藤原種継暗殺事件／早良親王と東大寺
(二) 良民と奴婢の子の身分の改定 216
太政官の奏上／良賤間の通婚規則の変更
(三) 東大寺奴婢の解放 218
東大寺三綱の請願
おわりに……221
東大寺奴婢のその後／『東大寺要録』編者の記述／
東大寺修二会大導師祈願文／東大寺奴婢の歴史的実態

註……228
略年表……237
参考文献……241

はじめに

東大寺の古文書

近年、公文書の破棄や改竄（かいざん）といった公的文書の管理の有り様が社会問題化したことを記憶されている方も多かろう。公的文書はそう簡単に破棄すべきものではない。第二次大戦直後の昭和二十年（一九四五）八月、日本政府は大方の公文書の焼却を命じ、歴史の教訓ともなったはずの貴重な記録が失われてしまった。およそ公的文書について言えば、古代の日本人はその重要性を認識していた。たとえば六七〇年、日本で初めて編纂されたという最古の戸籍「庚午年籍（こうごねんじゃく）」は永久保存とされ、それ以外の戸籍でも三〇年間は厳重に保管された。当時は紙が貴重だったこともあって、期限が過ぎても単に破棄するのではなく、相応の関係機関に払い下げ、裏返して再利用することを認めた。

現在、正倉院に残っている公文書の大半は、もとは東大寺の写経所に払い下げられたものである。毎年秋に奈良国立博物館で「正倉院展」が開かれているが、華やかな宝物に交じって、かならず古文書も何点か展示されている。いわゆる正倉院文書は、正倉院の宝庫に保管され、宮内庁正倉院事務所が管理している古文書のことである。その内容は実に多彩である。奈良時代、払い下げを受けた東大寺写経所は文書の裏面を利用して、写経事業に係わる事務帳簿や果ては写経生の借金の証文までも書き付けた。こうした公文書がどこに収蔵されていたかは明らかでない。

その後、記録のうえでその存在が確かめられるのは、時代も下った元禄六年（一六九三）の正倉院の開封時で、奈良時代の古文書が宝庫に保管されていた。ついで天保年間（一八三三〜一八四〇）、正倉院宝庫の修理の機会に古文書が取り出され、調査と整理が行われた。担当したのは穂井田忠友という奈良奉行に仕えていた国学者である。忠友は表面に書かれていた奈良時代の戸籍や課税台帳である計帳といった公文書の重要性に気付き、裏面の写経帳簿を無視して、関心のあるものを抜き出して四五巻の「正倉院古文書」に仕立てた。

弘化四年（一八四七）、東大寺は行基菩薩の千百年御遠忌に当たり、境内の各所で東大寺の由緒を示すさまざまな宝物を開帳した。とりわけ大勧進所が主催したものは五〇日間にわたり、出陳点数は一八八件の多きに達した。そのときの木版刷りの目録『東大寺宝物録』によると、忠友が巻子本に仕立てた「正倉院古文書」四五巻が二月堂内で展示されている。むろん東大寺では、『宝物録』所載の出陳物は東大寺の所有物だと認識していたのであろう。

ところが明治期に入ると、忠友の四五巻をはじめ、正倉院の古文書類一切は東京に運ばれ、整理作業が継続された。東大寺の手から完全に離れたことは言うまでもない。「正集」と呼ばれる忠友の四五巻に続いて、続修・続修後集・続修別集・続々修へと修復・整理され、やがて東京大学史料編纂所の前身によって『大日本古文書』編年文書全二五巻として刊行された。その大部分は正倉院文書からなっている。現在は東京大学史料編纂所がデータベースにして公開しており、キーワードの検索が可能で、利用価値は格段に上がった。そのうえ正倉院事務所がホームページで正集以下の整理ごとに写真（モノクロ）を公開しているので、文書そのものを確認できる。

一方、正倉院に納められていた古文書とは別個に、東大寺が連綿と明治期まで守り伝えてきた古文書も多く存在し、古代・中世社会の実態を解明する貴重な史料となっている。

かつて大仏殿の東北方の上司（かみつかさ）という地域に校倉（あぜくら）が存在し、少なくとも一棟は「印蔵」と呼ばれていた。その名がもっとも古く確認できるのは永延元年（九八七）である。名称の起こりははっきりしないが、公文書にはかならず朱印が捺（お）されたからだとか、ここに「東大寺印」などの公印が納められていたからだとか考えられている。印蔵には、律令制下の太政官（だいじょうかん）や各長官庁が発給した文書、寺領荘園に関する文書などが納められていて、「印蔵文書」と称され、現在国宝に指定されている東大寺文書の大半は印蔵に由来する。本書で取り上げようとする東大寺奴婢（ぬひ）関連文書について、平安後期に編纂された『東大寺要録』の編者は「奴婢らの籍帳二十二巻、印蔵に在り」と伝えている。

江戸時代初期、大仏殿が再建される以前の東大寺境内図である「東大寺寺中寺外総絵図」には、上司に二棟の校倉が描かれている。印蔵は破損が進んだ正徳四年（一七一四）、現在の東大寺本坊に当たる東南院に修理もかねて移築され、印蔵文書も移された。ところが明治維新後の混乱期、東大寺は時勢を乗り切る一手段と考えたのであろうか。明治五年（一八七二）、印蔵文書のうち巻子本に仕立てられていた奈良時代から鎌倉時代にかけての一一二巻（八六七通）の古文書を「東南院文書」の名のもとに皇室に献納した。現在、これは正倉院宝庫に収蔵され、宮内庁正倉院事務所が管理している。東大寺帰属奴婢の名簿もその一部をなす。東南院文書もまた正倉院のホームページで公開している写真で確認できる。

廃仏毀釈の嵐は深刻であった。正倉院文書や東南院文書以外にも、まだかなりの点数の印蔵文書が残されていたが、明治政府の命によって寺内の過半の塔頭寺院が廃絶されるなか、多くの古文書が東大寺の手を離れ、民間に流出した。保存に留意するようになるのは明治二十九年（一八九六）になってからである。以降、文書を継いで成巻にし、一応のまとまりを得た段階で重要文化財に指定されてきたが、現在は未成巻文書も含め、「東大寺文書」として九五〇〇通ほどが国宝に指定されている。

東大寺の古文書というのは実に多種多様、内容は多岐にわたるが、とりわけ奈良時代については詳細を極め、丹念に読み込んでいくと、当時の天皇や政権担当者、それを支える上下組織下の官僚群、官大寺として急速に発展する東大寺の僧侶群等々の、さまざまな活動状況が生き生きと蘇ってくるのである。

聖武天皇の東大寺行幸

東大寺奴婢の画期となったのは天平二十一年（七四九）のことである。この年は改元が二度も行われるまさに国家にとって劇的な年であった。それは東大寺にとっても言えることであった。二月二日には聖武天皇が抜擢して大僧正にまで据えた行基が遷化、その直後の同月二十二日、陸奥守百済王敬福（くだらのこにきしきょうふく）が駅馬を馳せ、管内で黄金を発見したと知らせてきた。当時日本に黄金は産出しないとされていた。時に巨大な盧舎那仏（るしゃなぶつ）の銅像が次第に姿を現し、表面に塗る黄金の確保が喫緊の問題となっていた。その知らせは聖武天皇によって大きな驚きと歓びでもって迎えられた。その歓びがいかに大きなものであったかは、四月一日の東大寺行幸で示される。

この日、聖武天皇は平城宮を出て東大寺に向かい、後ろには光明皇后、皇太子阿倍内親王、それに左大臣（さだいじん）橘諸兄（たちばなのもろえ）以下、文武百官が続いた。陸奥国より黄金産出の知らせを受けてから一ヵ月余り、準備を重ね、満を持しての行幸であった。東大寺に到着した聖武天皇は、未完の盧舎那大仏のまえに設けられた「前（まえ）

殿」という仮設の礼拝殿に入り、北面して大仏と相対した。両側には光明皇后と皇太子阿倍内親王が侍り、さらに礼拝殿の後方には群臣や高位の官人・下級官人・庶民に至るまで、それぞれ整列して居並んだ。すると、左大臣橘諸兄が仏前に進み出て、聖武天皇の勅を代読した。それは「三宝の奴と仕へ奉る天皇が」で始まる異例なものであった。そこには聖武天皇の真情が吐露されていた。

本来、天皇たるものは、かならず南面して臣下を見下ろす位置につく。天皇は「仕え奉られる」ことはあっても、みずからが「仕える」ことはない。ところが、このときの天皇は、北面したことによって臣下と同様の立場で仏への臣従の姿勢を示した。それも「奴」という身分制の一標語で強調した。奴は女性の「婢」とともに、社会階層の底辺に位置する存在である。たとえ比喩的表現であるとはいえ、当時の現実社会での「奴」たちは、聖武天皇の勅の内容を伝え聞いて、どんな思いをしたであろうか。

天皇の勅は宣命体という祝詞風の言葉でつづられていた。中務卿石上乙麻呂に代読させた第二の宣命はかなり長文で、まず前段で「産金」という瑞祥について触れる。政治に仏教を採り入れ、盧舎那仏の造立を発願し、人々を誘って災禍が収まり世のなかが平和になることを願ってきたが、瑞祥はそのことへの盧舎那仏からの賜物にほかならない。そこでこの歓びを国中の人々と共に分かち合いたいので、まずは年号を改めるとし、天平感宝となった。ついで後段で歓びを分かち合うべき対象を列挙した。その範囲は広大で、寺院には墾田地の所有が許された。恩典は一日だけで済まされず、日を改めること数日に及んだ。それは五月以降も続いた。

閏五月二十日、聖武天皇は東大寺ほか、十二大寺への施入を行い、それに添えた願文でみずからを「太上天皇沙弥勝満」と称した。出家即譲位の意志を示したのである。実は先頃、しばしば朝廷の路頭に匿名の投書が投げ込まれるという事件があった。おそらく皇位継承問題をめぐってであろう。聖武天皇は百官と大学生を集め、教誡を垂れて将来を戒めた。天皇は阿倍内親王への皇位継承に危機感を懐き、女性天皇の成立を阻もうとする政治勢力の機先を制する形で、突然の譲位という非常手段に訴えたのである。もっとも正式には準備期間ののち、七月二日に大極殿において譲位の宣命を宣し、それを受けて孝謙天皇が即位、年号も天平勝宝と改元された。同じ年の二度目の改元である。

それから一〇日余りの七月十三日、諸寺の墾田地の限度額が決められた。大安寺や薬師寺・興福寺など、元興寺を除く既存の四大寺が一〇〇〇町歩と決められたのに対して、東大寺は四〇〇〇町歩と破格であった。

八幡神の東大寺参拝

十月二十四日、大仏の鋳造が完工し、かねて「天神地祇を率い、かならず造像を成し遂げ申そう」と託宣して聖武天皇を勇気づけた宇佐八幡神が上京することになった。経緯は『続日本紀』に詳しい。[*1] この年の最後を飾る一大政治イベントである。豊前出発は十一月十九日、朝廷では参議石川年足らを迎神使とし、路次の諸国から一〇〇名を超える兵士を徴発して前後を警備させ、道路は掃き清めさせた。日本固有の神が、盧舎那仏を拝礼しようというのである。気の使いようも徹底していた。出発からおよそ一ヵ月後の十二月十八日、高位の官人や六衛府の舎人が大倭(大和)国平群郡に八幡神を出迎え、平城宮南の梨原宮に引導した。ここに新殿を造って神宮にと用意していたからである。

いよいよ十二月二十七日、八幡大神が盧舎那仏を拝礼する日がやってきた。いまや祢宜尼となった大神朝臣社女は、天皇と同じ紫色の輿に乗って東大寺に向かった。同じ日、聖武太上天皇、孝謙天皇、光明皇太后も行幸して、諸臣百官ともども東大寺に相集い、五〇〇〇の僧侶が礼仏読経するなか、八幡神を奉じて社女が拝礼した。慶讃には大唐・渤海・呉の外来舞楽が奏され、五節の田儛・久米儛の日本古来の歌舞も舞われた。

続いて八幡大神に一品、比売神に二品という品階が奉叙され、左大臣橘諸兄が天皇の詔を代奏した。

「去にし辰年（天平十二年〈七四〇〉）河内国大県郡の知識寺に坐す盧舎那仏を礼み奉りて、則ち朕も造り奉らむと思へども、え為さざりし間に、豊前国宇佐郡に坐す広幡の八幡大神に申し賜へ云々」と。[*2]

すでに孝謙天皇の治世に入っているが、詔の内容は明らかに聖武太上天皇によるものであり、八幡神迎接に関する一切は、太上天皇の主導で行われたと見てよい。終わって尼社女は従四位下に昇叙された。そのあと『続日本紀』は記す。「東大寺に封四千戸、奴百人、婢百人を施す」と。

封戸と奴婢

封戸とは、皇族・高官・寺社などに支給される戸（家）のことで、その対象となった公民の戸が納める租（天平十一年以前では半分）・庸・調、つまり税金の多くを被給者の収入とするもの。しかしこの『続日本紀』の「四千戸」とあるのは、続紀編纂者が利用した資料の錯誤によるもので、ここでは詳しく述べないが、東大寺に施入された封戸は、天平十九年（七四七）九月二十六日の勅による一〇〇〇戸、宇佐八幡神参拝時に五〇〇戸であったが、天平勝宝二年（七五〇）二月二十二日の聖武太上天皇・孝謙天皇・光明皇太后そろっての行幸時に三五〇〇戸を益して五〇〇〇戸となった。正倉院に残る天平宝字四年（七六〇）の東大寺封戸処分勅書はこの日の行幸を伝え、[*3]『続日本紀』は翌二月二十三日の条で、「封三千五百戸を益し、前に通して五千戸」と記す。[*4]

ここで取り上げたいのは「奴百人、婢百人を施す」の記事である。これもおそらく聖武太上天皇の指示によるのであろう。天皇はみずからを「三宝の奴」と称された。「奴」という言葉に対する当時の一般的理解は、主人に隷属する賤民を指し、主人の命で使役され、売買される存在であり、人間としての側面よりも、法的には牛馬並みの財産としての「物」であった。東大寺に対して男女合わせて二〇〇人という多数の奴婢を施入するとは、具体的には何を指しているのであろうか。

なるほど天平十七年（七四五）八月に盧舎那大仏の造立事始の儀が、当時の寺名でいえば大養徳国金光明寺（東大寺読み）の寺地で執り行われて以来、造像事業を中心に大勢の人々が集まり、現場は混雑を極めたであろう。働き手はいくらでも必要であった。だがそれは国家機関である造東大寺司――前身は金光明寺造物所――がもっぱら主宰することであり、僧侶組織としての金光明寺、のちの東大寺とは別個の存在であった。僧侶を中心とする宗教共同体としての寺院は、やや専門的には「寺家」という。このたびの東大寺への奴婢施入は寺家に対してなされたものと理解されるが、たとえ「物」同然と見なされている奴婢とはいえ、性別があり、衣食住の生活がある人間である。

律令制に基づく古代社会にあっては、奴婢は広く存在した。日本最古として現存する大宝二年（七〇二）の戸籍にも、戸主の私奴婢が多く見られる。唐代の律令制を継受した日本の古代国家は、その一環としての良賤制をも引き継ぎ、人を良民と賤民に分けていた。しかも両者の中間に品部・雑戸という大化改新以前からの部民の身分を置いた。良民とは公民とか百姓とか呼ばれた一般の人民のことである。賤民には五賤といって陵戸・官戸・官奴婢・家人・私奴婢の五ランクがあり、私奴婢はもっとも低い身分であった。律令法で五賤を明確に規定しているのは『養老律令』戸令第三五条であるが、条文の主旨は同じ賤民であってもランクの異なる者の通婚を認めないとするもので、賤民内部の身分上の区分は厳密に維持すべきことを目的としている。この複雑かつ重層化した身分制度は各階層間に差別意識を醸成する。

なお陵戸とは天皇や皇族などの陵墓を世話する者たちであるが、彼らが賤民とされたのは天平勝宝九歳（七五七）五月二十日施行の養老令によってで、[*5]それ以前の大宝令では良民だったようである。官戸・官奴婢は官、つまり国家が所有し、家人・私奴婢は民間が所有する。なお官戸と家人は、ほぼ同じ身分であるが、違いは官戸が戸を持つことができたのに対し、家人には許されなかったことである。

これまでになされた奴婢についての研究はそれほど多くないが、その大半は制度史の観点からなされ、主眼は奴婢の労働形態の解明に置かれている。奴婢といえばもっぱら奴隷だと考えられているが、研究者たちはおおむね、日本の奴婢は西洋型の奴隷と異なり、あまり境遇上の悲惨さは見られないことを強調する。それに中国の奴婢と比較しても、中国の奴婢が口分田を班給されなかったのに対して、日本の奴婢は良民の三分の一ではあるが口分田が保証されていたし、解放されて良民となる機会も多かったとする。[*6]

こうした見解に対して、それならば奴婢の逃亡という事態が頻発したのはなぜか、疑問が残る。いったい東大寺に施入された奴婢とはいかような存在だったのであろうか。『続日本紀』の記事だけでは不明に等しいが、実は東大寺に帰属した奴婢に関する文書史料が現存するだけで四六通知られており[*7]、疑問解明の大きな鍵となる。その大半はかつて東大寺に伝来したものであり、なかでも重要なのは、いわゆる東南院文書である。そこで古代の人たちがわれわれに残してくれた文書をたどりながら、改めて奈良時代の東大寺に帰属した奴婢たちの実態に迫りたいと思うのである。

第一章

藤原仲麻呂による買賤進上政策

一　近江国司解

東大寺への奴婢施入

東大寺に奴婢を導入しようという動きは、天平勝宝元年（七四九）の天皇による施入が最初ではない。現存文書による限り、もっとも古くは、皇后宮職による「奴黒麻呂　年二十一」の金光明寺への施入で、天平十八年（七四六）三月十六日付である。*8 まだ「東大寺」という名称がなかった時代である。

皇后宮職　　牒金光明寺三綱所
奴黒麻呂年廿一　以天平十九年丁亥十一月二日甲戌日死去、
右、件奴至、宜駈使寺家、故牒、
天平十八年三月十六日従六位下行少属川原蔵人凡
正六位上行春宮大進石川朝臣
正六位上行少進丸連「張弓」
使舎人敢諸人
奴豊島年三　白女之男者、以天平勝寶元年七月十七日死亡、

皇后宮職では舎人の敢諸人を使者に立て、奴がやって来たならば寺家で何らかの仕事に駈使してよいと三綱所、つまり上座・寺主・都維那の三役からなる寺務所宛に牒で伝えた。牒とは文書の形式の一つ

で、一般的には直属関係にない官司間で交わされる公文書のことであるが、令制上の官司もしくは皇后宮職のような令外官司と寺家など官司同様の機関との相互間の文書でも用いられた。公文書の様式の厳格さは律令国家に特徴的なことで、この点についてはおいおい触れることにする。なお文書史料の紹介に当たり、天平勝寶の「寶」のように、旧字は新字に改めることなく、そのままとした。ただし、文書によっては「従」のように、いわゆる新字体で書かれているものもある。なお文書の旧字は本文中では原則新字で表記したが、とくに人名などについて例外とする場合がある。

さて、この文書の場合、奴施入は明らかに寺家に対して行われている。奴黒麻呂という呼び名であるが、賤民には氏姓がなく、名前だけである。氏姓は天皇に奉仕するしるしとして天皇から与えられるものである。これを賜姓という。古代の日本で氏姓がないのは賤民と、氏姓を与える立場の天皇・皇族だけである。この伝統を継承し、天皇家の人には今も姓がない。なお、この文書の奴黒麻呂の条には追筆があって、残念ながら奴本人は翌年十一月二日に死亡した。

連名の最初の人物は皇后宮職の官人である。春宮は東宮ともいい、皇太子の宮殿のことで、皇后宮職と密接な関係があった。大進は皇后宮職や東宮坊などに務める幹部の四等官のうち、第三位の判官に当たるが、その上位にある役名である。「　」で囲んだ人名は、本人が自筆で署名していることを示す。光明皇后の皇后宮職が前身寺院時代も含めて、東大寺の造営に深く寄与したことはよく知られている。

奴婢帳目録

天皇以外にどのような人たちが東大寺に奴婢を納めたのか、あるいは東大寺自体が奴婢の取得を求めたのか、そうしたことを知ることのできる好都合の文書がある。東南院文書の「奴婢帳目録」と呼ばれるもので、次のようになっている[*9]。

神護三年七月十六日見度

官奴司解文一巻无印　所注奴婢二百人奴一百口　婢一百口

従国々買進上奴婢等帳一巻四条並印踏

　一条　美濃国司解文　所注奴婢六人奴三口　婢三口

　一条　近江国司解文　所注奴婢五人奴四口　婢一口

　一条　丹後国司解文　所注奴婢四人奴二口　婢二口

　一条　但馬国司解文　所注奴婢五人奴三口　婢二口

寺家買取奴婢帳一巻十二条並印踏

　八条　左京職立券文　所注奴婢廿四（三）人奴十口　婢十四（三）口

　一条　右京職立券文　所注婢一人

　一条　河内国若江郡立券文　所注婢一人

　一条　近江国坂田郡立券文　所注婢二人

　一条　河国内石川郡立券文　所注婢一人

又一条无印　同郡同戸奴一人賣手實

大宅朝臣加是麻呂進奴婢帳一巻印无

所注奴婢六十一人 奴卅六口　婢廿五口

先三綱

上座　　都維那　　目代「勝行」

寺主　　少寺主「聞崇」　目代

天平神護三年（七六七）七月現在で記されたこの目録によると、東大寺に帰属した奴婢は、㈠天皇の施入による奴婢二〇〇人、㈡諸国買進上奴婢二〇人、㈢寺家買取奴婢二八人、㈣大宅朝臣加是麻呂進上奴婢六一人の四種別から構成され、計三〇九人、河内国の手実を加えると三一〇人についての記録があるという。この数字はむろん実体としての奴婢の人数に言及したものではない。

そこでこの四種別を念頭に置きながら、文書の年紀を追って、東大寺に帰属した奴婢を取り上げていきたい。皇后宮職による施入文書に続くのは近江国（滋賀県）が出した解（げ）で、次のようになっている。[*10] なお解も文書形式の一つで、地方から中央など、下から上への上申の文書を指す。

近江国司解　申進上買賤事

合伍人 奴四人 婢一人　價稲五仟束

奴持麻呂年卅九 車匠　價一千四百束

奴氣麻呂年廿五　價一千束

奴飯長年廿　價一千束

奴石君年十一　　　價六百束
婢白賣年廿五　　　價一千束
　右、被守従三位藤原朝臣仲麻呂宣、上件賤買進上如前、謹解、
　　　天平十八年七月十一日
従三位行式部卿兼左京大夫東山道鎮撫使守藤原朝臣「仲麻呂」
　　正七位上行少掾船連家足
外従五位下行介茨田宿祢「枚万呂」
正五位上行左衛士佐兼員外介勲十二等坂上伊美吉

「近江国司解し申す進上する買賤の事」と表題が書かれた近江国司の公文書で、近江国印が一三顆、捺されている。奴四人婢一人計五人の賤民、この場合は私奴婢をそれぞれ一定の稲価で買い入れ進上する旨を伝えている。宛所は明記されていない。しかも日本古代史の専門家であれば、賤民を買い入れる目的が東大寺への進上であることを承知していようが、文面そのものには目的も表記されていない。[*11] 確かに、古代律令国家の統治は徹底した文書行政によって行われていた。標準語などなかった時代である。上意下達であれ下意上達であれ、伝達手段は文字による書付が頼りであった。中央や地方それぞれのみならず、中央・地方双方のあいだでもさまざまな文書が行き来した。その内容は多岐にわたっており、文書を受け取った官司ではそれを吟味し、目的別に仕分ける必要がある。そのためにはまえもって文書の様式を規定しておくのが便利である。

公式令の定め

そこで国家では、この書式を律令法のなかの「公式令」に詳しく定めていた。「解」もその一つで、養老令公式令第一一条はその例文として、式部省の場合を掲げている。[*12] 式部省は中央八省以下内外所司のなかの一つとして例示しているに過ぎず、この場合は太政官に上申することが想定されている。

式部省解　申其事
其事云云。謹解。
　年　月　日　　大録位姓名
卿位姓名　　　　大丞位姓名
大輔位姓名　　　少丞位姓名
少輔位姓名　　　少録位姓名

表題は「式部省解し申す其の事」とあり「其事」とは上申すべき内容のこと。表題は事書きと称される。宛所が明記されていないのは、官司相互の上下関係が職員令（大宝令では官員令）によって自明のこととされているからである。すなわち国司の解は太政官、直接的には太政官直属の弁官に提出され、弁官から民部省に下される定めであった。本文に入って上申内容を記述し、結文は「謹解」となる。謹解は現代人の手紙の結び、いわば「敬具」に当たる。

解には当該官司の四等官すべてが署名するが、一般的には主典相当位が日下（日付下）に署名する。この人物が起案者である。例文で大録とあるのは式部省の官位だからで、大主典に当たり、位は正七位上である。長官・次官は上段に、判官と主典は下段に署名する。ただし主典が二名になる場合、一名は上段に署名する。なお八省が太政官に、あるいは内外の諸官司が上級官司に上申するときはこの解式を用いて作成するように定めているが、太政官まで上奏する必要のないときは、結文の「謹解」を「以解」とするように事細かに指示している。書類の様式がいかに厳格だったかはこれによっても知られよう。もっとも実際上ではあいまいな点もある。

この近江国司解でまず注目されるのは、末尾の藤原仲麻呂の存在である。仲麻呂は天平十三年（七四一）に民部卿となったときの政治的手腕が評価されたためか、天平十五年（七四三）五月に参議となるや左京大夫を兼任、さらに天平十七年（七四五）九月には近江国守を兼任、翌十八年三月には式部卿となり、四月に東山道鎮撫使を兼務、位階も従三位に昇った。聖武天皇の信任の篤さが感じられる。

この文書はその直後に出されたもので、仲麻呂が近江国守として所司に命じて同国内の奴婢五人をそれぞれの所有主から稲を充てて計五〇〇〇束で買い取らせ、進上する旨を伝えている。これ以前に国司が奴婢を進上する例はない。従三位として多くの職務を兼任している点からすると、聖武天皇の期待に応えようと、仲麻呂は率先して行動したのであろう。

稲と正税

ところで奴婢を買い入れるために充てた対価の「稲」の出所はどこなのであろうか。このあと触れる丹後国ほかの国司解を見ると、奴婢購入に充てる対価は「正税」だとされている。したがって近江国が充てた稲も正税であることは間違いない。正税は「大税」ともいう。

古代においては収穫期に入った稲を脱穀して米を得ることは簡単な作業ではなかった。稲が実るとまず穂先だけを刈り取った。これを頴稲という。律令法の田令の冒頭は田の面積に触れ、三六〇歩を一段、一〇段を一町とし、一段当りの租稲を「二束二把」、一町当りの租稲を「二二束」と定めている。一把は束の一〇分の一である。田租はこの頴稲の形で納めるよう定めている。「束」という単位は頴稲を「たばねる」ことに由来する。一定量の頴稲をたばねたものを束と呼び、租稲を束単位で徴収し、それを郡司が管理する「正倉」に収納した。しかし頴稲の状態ではいざというときの支出には不便である。そこで大宝令の施行直後に、穂先から籾を取った穀の状態で徴収するように変更されたらしく、実際には穀で徴収され、穀倉に収納された。

正税の収入は、この田租と公出挙による利稲との二種類からなっていた。出挙とは利子付きの貸借のことで、このような貸付行為を国家が行う場合は公出挙といって利率は五割だが、民間が行う私出挙の利率は一〇割であった。高利率なのは、一粒の種籾から秋になると穂、つまり多くの籾米が得られることを前提にしているからであろう。田租も利稲も、いずれも国司や郡司の管理下に置かれていた。

正税の内訳

これら二種類からなる正税のうち、穀の状態の田租は備蓄を主たる目的とし、新穀との入れかえは行われるが、使用には厳しい制限があった。和銅元年（七〇八）にはさらに厳しくし、まったく手を付けない不動穀と使用が限定される動用穀とに二分された。しかも動用穀でさえ天皇の恩勅など何らかの特定の理由がなければ使用できなかった。聖武天皇の治世中、天変地異や疫病の流行が多発するが、天皇はたびたび諸国の郡にある正倉を開いて民に賑給あるいは賑恤を行った。たとえば天然痘が夏から冬にかけて大流行し、死者が多く出た天平七年（七三五）には、閏十一月十七日、天皇は詔して「……高年百歳以上には穀三石を賜へ。九十以上は穀二石、八十以上は穀一石。……鰥寡惸独と篤疾の徒との、自存すること能はぬ者には、所在の官司、量りて賑恤を加えよ」と言われた。[*13] 正倉院に残る天平八年度薩摩国正税帳の河辺郡の項には、天平七年閏十一月十七日の恩勅に依り寡惸等徒人に賑給したとある。賑恤は最南端の薩摩国でも実施されたのである。[*14] 律令国家の中央集権体制の実態を象徴する出来事である。

一方、公出挙は、正倉に収納した穎稲を毎年春・夏二季に五割の利息付で農民に貸し付け、秋に元本の稲とともに利息の稲も穎稲の形で回収するものである。むろん利稲を使用するには穎稲を穀にし、これを舂いて籾殻を外さねばならない。得られたものは舂米といい、特定の地方では毎年一定量を中央に進上した。また臨時の諸経費に充当することもあった。こうして利稲として農民から回収した穎稲を舂米にするのであるが、その過程を換算していえば、稲一束から穂先を取り去ると穀一斗になり、さらに籾殻を外すと米五升が得られるというわけである。ただし米といっても玄米である。これが当時の公式見解であった。ただ当時の斗量は今日の約四割に当たる量だと考えられている。いずれにしても公出挙によって得られた利稲は国家にとって大きな財源となった。

奴婢の対価

仲麻呂が奴婢買進に充てた正税というのは、むろん使用制限の厳しい田租の「穀」ではなく、公出挙で農民に貸し出される穂付きの頴稲であった。奴婢の買価が「束」で表示されているのはそのためである。ところで稲一束が籾付きの穀一斗に当たり、さらに籾殻を外すと米五升になるという計算式がわかったところで、先程の近江国の奴婢の対価、たとえば「奴氣麻呂　年二十五」は一〇〇〇束であったから米に換算すると五〇〇斗、すなわち五〇斛（石）ということになる。奴婢の売買価格として果たして高いのか安いのか気になるところである。

仲麻呂が指令して東大寺のために奴婢を買わせた天平十八年七月といえば、銅造の盧舎那大仏の原型となる塑造の盧舎那仏が完成間近となっている時期である。進上される奴婢のうち、奴持麻呂は「車匠」と職業が付記され、買価も稲一四〇〇束と誰よりも高く評価されているので、単なる雑用ではなく、東大寺が目下要望する技術的労働に耐えうるような人を選ばせたのであろう。このような仲麻呂の意図は三年後、孝謙天皇が天平勝宝元年七月に即位し、即日、仲麻呂が大納言となり、太政官のなかで大きな発言権を持つに至るとより明確になった。かつてみずからが近江国で行った買賤進上という政策を全国規模で展開させようとしたのである。そのことは丹後・但馬・美濃の三ヵ国の買賤進上文書を見れば明らかである。

二　丹後国司解

丹後国よりの奴婢進上

そこでまず、三ヵ国文書のうちもっとも早い年紀を持つ丹後国（京都府北部）の解を取り上げてみよう。日付は天平勝宝元年十二月十九日である。[*15]

丹後國司解　申進上奴婢事

合賤肆人（奴二 婢二）　價稻肆仟束（口別一千束）

奴津麻呂年貳拾柒（印左口辟下黒子 加佐郡戸主外正八位上椋橋部乙理之奴）　價稻壹仟束

奴倉人年貳拾陸（印目間黒子 熊野郡戸主大私部廣國之奴）　價稻壹仟束

婢袁太須伎女年貳拾（印右高頬黒子 加佐郡戸主柒君三使之婢）　價稻壹仟束

婢真玉女年貳拾陸（印左頬黒子 竹野郡戸主家部廣足之婢）　價稻壹仟束

以前、被民部省去九月廿日符偁、被太政官今月十七日符偁、被大納言正三位藤原朝臣仲麻呂宣偁、奉　勅、奴婢伍人、年卅已下十五已上、容貌端正、用正税充價直、和買貢進者、省宜承知、依前件数、仰下諸國、令買貢上、但不論奴婢、随得〔而〕已者、國宜承知、依状施行者、謹依符旨、蒴買如件、但所以欠数者、或齒老、或容悪、叵斯欠数、今僅随有、遙附朝集使目従八位上尾張連張人進上、以解、

天平勝寶元年十二月十九日従八位上行目尾張連（朝集使）

従五位下行守柿本朝臣「市守」　従六位下行掾當麻真人「若麻呂」

（別筆）
「以二年正月十日、檢取已訖、　判官田邊史「真人」

主典葛井連「根道」

これは「丹後国司解し申す進上する奴婢の事」と事書きのもと、奴婢の進上を伝える丹後国司の公文書で、丹後国印が二七顆、捺されている。宛所が書かれていないことについては前に述べたが、注意すべきは結文の「以解」で、太政官まで上奏する必要はない、民部省止まりでよいことを前提にしている。一見して近江国司解に比べ、書式が非常によく整っていることがわかる。

前段は奴二人と婢二人、計四人の奴婢について、各人の名前・年齢と身体的特徴、誰から買い入れたかわかるように本の賤主、つまり所有主の戸主としての戸籍を付記したうえ、いずれも稲価一〇〇〇束、合計四〇〇〇束で買い入れ進上する旨を伝えている。価格が同額であるのは商取引ではなく政治的配慮が働いたことを思わせる。

数字を「大字」と呼ばれる画数の多い字体で書くのは改竄を避けるためである。大字の数字は、税務はむろんのことあらゆる政務の文書に用いられており、古代の日本人は公文書の改竄防止に涙ぐましい努力を払っていた。

仲麻呂の買賤進上政策

丹後国司解で重要なのは後段で、一見複雑であるが、国・民部省・太政官へとそれぞれ遡って、買賤進上を命じた仲麻呂の宣が引用され、政策実行に至る経緯が明らかにされる。仲麻呂は天平勝宝元年七月に大納言となったあと、八月に光明皇后の皇后宮職を改組した紫微中台（しびちゅうだい）が創設されると、その長官の紫微令を兼務し、主な幹部も任命された。九月に入ると、紫微中台の官制が大規模に整えられ、仲麻呂はほぼ政治の実権を掌中にした。仲麻呂の買賤進上政策は、このときの彼の勢威そのままに進められたのである。

後段の内容を読み解くと次のようなことであろうか。仲麻呂は大納言として買賤進上をおそらく議政官のなかで発議し、孝謙天皇から聴許（ちょうきょ）を得た。そこで仲麻呂は弁官に命じて「勅（みことのりをうけたまは）奉るに云々」とみずから宣した太政官符を認（したた）めさせ、九月十七日付で民部省に下達（かたつ）した。解の文言からすると、書式は大宝令の公式令に依っていると思われる。[*16] 民部省ではこの官符を受けて九月二十日付で省符を諸国に下した。仲麻呂が打ち出した買賤進上の条件は左記のようなことであった。

「奴婢五人、年三十以下十五以上で容貌端正なる者を正税をもって買価に充て、和買、つまり所有主との納得のうえ買い入れ貢進するように。ついては民部省は宜しく承知し、前件の員数は間違いなく買い入れ貢上させるように。ただし奴婢それぞれの員数は問わず、買得した限りでよい」

これによって民部省は諸国司に対し、宣下内容を書き連ねた「令状によって実施するように」と命じた。省符を受け取った丹後国では、「謹んで符旨に依り奴婢をえらび買い入れたこと前記の通りである」とし、「員数が不足している理由は、歯老だったり容悪だったりして適当な奴婢が見つからなかったためで、今はわずかに確保した限りを朝集使尾張張人（ちょうしゅうしおわりのはりひと）に付して進上する」と民部省に宛て上申した。

民部省とは、八省ある中央官庁の一つで、戸籍・租税・賦役など全国の民政や財政を担当した。また朝集使とは、通常は国司を代表して上京し、税務や人事など、全般的な政務を報告したり儀式に参列したりする使節のことであるが、この場合は買い上げた奴婢たちを東大寺に護送することも任務とされたか、あるいはそのために派遣されたのであろう。むろん単身ではなく郡司らも随伴したであろう。

なお朝集使尾張張人の肩書の「目」とは四等官最下位の「主典(さかん)」に当たり、公文書の授受や作成を職務とするのであるが、官司によって文字が異なり、国司では「目(さかん)」というのである。

日下は本人が職務上の起案者であることを示している。国守の柿本市守(かきのもとのいちもり)と掾(じょう)、つまり四等官第三位の判官(じょう)の當麻若麻呂(たいまのわかまろ)が署名した。判官は公文書の審査、事務上の誤りの摘発などを職務とした。

造東大寺司

なおこの文書には追筆があって、翌天平勝宝二年（七五〇）正月十日付で受領を確認した人物、判官田邊真人(たなべのまひと)と主典葛井根道(ふじいのねみち)の署名がある。二人とも造東大寺司の幹部の官人である。丹後国司解には宛所は明記されていなかったが、解の結文が「以解」とあったので、太政官を通さず直接民部省に送られ、民部省はそれを造東大寺司に転送したのである。造東大寺司は言うまでもなく、東大寺の造営またその付属物の製作や写経事業などのために設置された官司である。

正史である『続日本紀』にはその創設期日を記さないが、正倉院文書では天平二十年（七四八）七月二十四日付の東大寺写経所解案に佐伯今毛人(さえきのいまえみし)が「造東大寺司次官」とあって、初めて触れているので、[*17]その直前に設置されたのであろう。金光明寺造物所の機構を引き継いだとはいえ、まだ一年余りしか経っていない官司に仲麻呂による買賤進上政策が持ち込まれたことになる。

買賤進上政策の難渋

この解によると、丹後国では仲麻呂が出した奴婢の買賤進上の条件を満たすのに難渋したらしい。まず三十歳以下十五歳以上という年齢制限は労働の即戦力となることを狙ってのことであろう。丹後国が送り出す奴二人は二十七歳と二十六歳。婢二人は二十歳と十六歳で条件に合っている。だが一人不足である。年齢制限とともに「容貌端正」という条件が引っかかった。奴婢の所有主に頼んでも、老人だったり、容貌に難点があったり、売ってくれるのは「歯老」「容悪」である。「容貌端正」とは婢はともかく、奴の方はどのような意図があったのであろうか。法会などに列座させる場合の見栄えをも考慮したというのであろうか。賤主と売買交渉に当たらねばならない国司の下級役人は、不満の一つや二つ言いたくなったであろう。どうやら仲麻呂の政策は彼の思惑通りには運ばなかったようである。このことは但馬国の場合でより明らかとなる。

三　但馬国司解

但馬国よりの奴婢進上

年紀で丹後国に続くのは天平勝宝二年正月八日付の但馬国（兵庫県北部）の解である。[*18]

但馬国司解　申進上奴婢事

合進上奴婢伍人 三人奴 二人婢　　價稲肆仟伍伯伍拾束

奴池麻呂 年廿四 胛左上黒子　　價稲玖伯束

右、出石郡少坂郷戸主外従七位下宗賀部乳主之奴

奴糟麻呂 年廿四 右目後疵　價稲玖伯束

右、同郡穴見郷戸主大生直山方之奴、

奴藤麻呂 年十五 鼻折左邊黒子　價稲捌伯束

右、同郡穴見郷戸主土師部美波賀志之奴

婢田吉女 年十九 左頬黒子　價稲壹仟束

右、朝来郡桑市郷戸主赤染部大野之婢

婢小當女 年十七 頸右黒子　價稲玖伯伍拾束

右、二方郡波大郷戸主釆女直真嶋戸釆女直玉手女之婢

以前、被民部省去天平勝寶元年九月廿日符偁、被太政官今月十七日符偁、被大納言正三位藤原朝臣仲麻呂宣偁、奉　勅、奴婢年卅已下十五已上、容貌端正、用正税充價直、和買貢進者、省宜承知、依前件数、仰下諸国、令買貢上、但不論奴婢、随得而已者、國宜承知、依状施行者、謹依符旨、件奴婢買取進上如前、仍便付朝集使目従六位下賀茂直秋麻呂申送、謹解、

天平勝寶二年正月八日史生従八位上土師宿祢「田次」

従五位下行守勲十二等楊胡史「真身」　正六位上行掾縣犬養宿祢「吉男」

（別筆）

「送東大寺　同月十七日調信女宣

（紫微）少忠出雲臣屋万里奉」

これは「但馬国司解し申す進上する奴婢の事」と事書きのもと、奴婢の進上を伝える公文書で、但馬国印が二五顆、捺されている。ただ宛所については結文が丹後国解と違って「謹解」とあり、末尾に別筆で「送東大寺」とあるので、いったんは太政官に送られてから民部省に、さらに東大寺に転送されたと見える。もっとも正月十七日に受領したことはわかるが、紫微中台の官人が係わるなど、寺内の組織は明確でない。

前段は三人の奴と二人の婢、仲麻呂が指定した計五人の奴婢について、各人の名前・年齢と身体的特徴および買取り先である本の賤主の戸主としての戸籍を付記したうえで、それぞれの稲価を明示し、合計四五五〇束で買い入れて進上するとしている。奴の年齢は二人が二十四歳、一人が十五歳、婢は十九歳と十七歳で条件を満たしている。

後段は丹後国司解とほぼ同文で、買賤進上するに至る経緯を記し、民部省の符旨にしたがって買賤を実施し、奴婢を買い取ったので進上すること前記の通りであり、ここに朝集使賀茂秋麻呂（かものあきまろ）に付して送ると伝えている。

ちなみにこのときの但馬国守は楊胡（やこ）（陽胡）真身（さねみ）である。真身といえば大仏造立に銭一〇〇〇貫と牛一頭を献じた人物である。また前年の天平勝宝元年五月には、真身の四人の息子たちもそれぞれ銭一〇〇〇貫を献納して、貴族となる従五位下を授けられていた。*19

奴、逃亡す

ところがである。但馬の奴二人が余り日を置かずに東大寺から逃げ出した。もし本の賤主と示し合わせていたとしたならば、賤主は税金をだまし取ったことになる。東大寺では地方からやって来る奴婢たちを受け入れるため、それなりの住居を用意していたであろう。それが第一等寺院である大安寺の場合のように、「賤院」というかなり広大な敷地を持つ施設だったかどうかはわからない。[20]慣れない環境に不満を懐いたのであろうか。奴たちは故郷に帰ってしまった。あわてたのは国司である。逃亡するような奴婢を進上したとあれば明らかに国司の失態となる。しばらくすると但馬国司から造東大寺司に、逃亡した奴二人を捉え、ふたたび進上する旨を牒で知らせてきた。[21]

但馬国司牒上　　造東大寺司
合進上奴貳人
　奴池麻呂
　奴糟麻呂
右件奴、依民部省去天平勝寶元年九月廿日符、以去正月八日進上已訖、此无故以二月廿六日逃来、仍捉奴正身、付本主大生部直山方等、進上如前、今具事状、謹牒、
　　天平勝寶二年三月六日史生正七位上巨勢朝臣「古万呂」
守従五位下勲十二等楊胡史「真身」　掾正六位上縣犬養宿祢「吉男」

但馬国司の公文書で、国印が一四顆、捺されており、しかも宛所が明記されている。但馬国司と造東大寺司とは直属関係はないが、官司としての上下関係は別途の問題である。どうやらこの牒の書式をみると、養老公式令第一四条の規定以前の、たとえば唐令を参考にしたような様式が存在したようである。すなわち但馬国司の「牒上」は直属関係はないが上位の官司に宛てた「謹牒上」を略したものであり、造東大寺司を上位の官司と見なして、結文を「謹牒」とした。つまりこの但馬国司牒は造東大寺司への上申文書なのである。憶測で言えば、但馬国司は民部省に内密にして、逃亡奴婢の再進上を造東大寺司に直接知らせてきた。

奴池麻呂と奴糟麻呂はいずれも出石(いずし)郡の出身なので示し合わせて逃亡したのであろう。のち東大寺三綱から但馬国司に宛てた牒では「同日逃走」と告げている。但馬国司の牒はこう述べている。

「二人は民部省の天平勝宝元年九月二十日付の省符によって去る(天平勝宝二年)正月八日に進上しおわったにもかかわらず、理由もなく二月二十六日に逃げ帰って来たので、奴本人たちの身柄を捉え、本の賤主大生部直山方(おおいくべのあたいやまがた)らに託してふたたび進上する。謹牒」

というわけで、国守以下、但馬国司の官人たちが署名した。

四　寺家の対応

上座安寛の不安

地方から送られてきた奴の逃亡という事態に僧侶方でも不安を感じたのか、造東大寺司が持っている情報を共有しておかねばと思ったのであろう。三綱所のトップ、上座の安寛は近江・但馬・丹後の三ヵ国の公文書を造東大寺司から借用し、控えを筆写させたらしい。しかし、あまり長く原本を手元に置くことが許されなかったのか、造東大寺司から返済を促す使者が来た。そのときの安寛自筆の手控えが残っている。[*22]

近江國　但馬國　丹後國
右、三國奴婢買進上印書各一枚、依造寺司舍人美努三蓋口状、即付三蓋、
送造寺司務所如前、
天平勝寳二年五月九日
上座安寛

三ヵ国の文書はいずれも「国印」が捺された「印書」であった。安寛は舎人の美努三蓋（みぬのみかさ）に託して三文書を造東大寺司の事務所に送り返した。手控えの日付はこの年の五月九日。それからすぐ情報が入った。但馬の奴がまた逃亡したというのである。今度は十五歳の奴藤麻呂である。そのことが国司からの牒で造東大寺司に伝えられた。[*23]

但馬國司牒上　　造東大寺司

奴藤麻呂
右、件奴、依民部省去天平勝寶元年九月廿日符、以去正月八日進上已訖、
此无故以四月廿五日逃来、仍捉奴正身、付本主土師部美波賀志、進上
如前、謹牒、
天平勝寶二年五月九日史生従八位上土師宿祢「田次」
正六位上行掾縣犬養宿祢「吉男」

国印が八顆、捺された公文書である。奴藤麻呂は天平勝宝元年正月八日に他の奴婢たちとともにやって来たが、四月二十五日に逃げ帰って来たので身柄を捕捉し、本の賤主に託してふたたび進上するという。五月九日付である。逃げた奴を送り返すのは本主の義務である。東大寺三綱ではたまらず但馬国司に牒を送った。そのときの案文が東大寺に残った。[*24]

東大寺三綱　牒但馬国司
一奴藤麻呂
右、件奴、依五月九日牒旨、所請已訖、仍即附本主土師部美波加志、報牒如前、
今注状、以牒、
一奴池麻呂　糟麻呂
右、得三月六日牒云、奴池麻呂等、无故以二月廿六日逃来、仍捉奴正身、

附本主大生部直山方等進上者、即以三月十六日逃亡、今注状、以牒、

天平勝賓二年五月十三日　都維耶僧

上坐法師（安寛）

知事法師

「一、奴藤麻呂は、五月九日の牒旨により請け取りすでに決着している。よって本主土師部美波加志（はじべのみはかし）宛に牒で知らせたので、今そのことを書状に注する。以牒。

一、奴池麻呂と糟麻呂は三月六日の国司からの牒によれば、二月二十六日に逃げ帰って捉えられ、三月六日に本主大生部山方らに付して進上したというが、またもや三月十六日に逃亡した。今そのことを書き記した。以牒」

この東大寺三綱が出した牒によれば、第一の奴藤麻呂については五月九日付但馬国司の牒上で再進上してきた奴であるが、東大寺では受け取ったことがわかる。

移の代用としての牒

ここで誤解が生じるといけないので、牒の書式について付言しておこう。同じ「牒」でも国司が出したものと東大寺三綱が出したものとは法令が異なるのである。公式令第一二条の移式は、直接の統属関係にない官司相互に伝達される公文書の様式を定めたものであるが、僧綱が諸司と相報答しようとするときは、

この移式を準用するように、そのさい「移」を「牒」の字に代えるようにと定めており、このことは三綱も同様であるとしている。つまり三綱が発信する牒は「移」の代用なのである。そのような意味で、結文も「以牒」となっている。

奴、ふたたび逃亡す

ところで第二の奴池麻呂と糟麻呂については、なんと東大寺に送り返された一〇日後にふたたび逃亡していた。その後二人はどこを放浪していたのか、六月に入って但馬国司が知らせてきた。[*25]

但馬国司牒上　　造東大寺司
　奴糟麻呂
牒、件奴、依民部省去天平勝寳元年九月廿日符、以去正月八日進上已訖、
此无故以二月廿六日逃来、即捉正身、以三月六日進上已訖、此亦以今月二日
逃来、仍捉正身、付本主大生部直山方進上如前、至請准状領納、以牒、
　　天平勝寳二年六月廿六日史生正七位上巨勢朝臣「古万呂」牒
　　　掾正六位上縣犬養宿祢「吉男」
　　　　守外従五位下勲十二等壬生使主「宇太萬侶」

これも国印が一二顆、捺された公文書で、宛所は造東大寺司となっている。

「奴糟麻呂は民部省の天平勝宝元年九月二十日の符によって同二年正月八日に進上したのであるが、逃亡して二月二十六日に帰って来たので、本人の身柄を捕捉し、三月六日改めて進上した。――三月十六日に逃亡したという東大寺からの知らせは略して――ところがまた今月（六月）二日に逃げ帰って来たので、身柄を捉え、本主大生部山方に託して以前のように進上させる。請け取ろうとの判断に至れば、本状にしたがって領納されたい。以牒」

今度は結文が変わった。

奴の返還

但馬国司では天平勝宝二年六月二十六日付の牒を添え、奴糟麻呂を護送してきた。ここに至って東大寺では、奴の受入れをめぐり協議したらしい。「たびたび逃亡するような奴を受け入れても今さらどうにもならないのではないか。奴らは但馬国に返還すべきである」。そのような結論のもと、東大寺三綱では牒を七月二日付で但馬国司に書き送った。次はその案文である。[*26]

東大寺三綱　　牒但馬国司

　奴糟麻呂　　奴池麻呂（同日逃走）

牒、上件奴重数逃走、故即付本主大生山方還送、但合先官符交易貢上耳、

今注状、以牒、

天平勝賓二年七月二日都維那僧

上坐法師(安寛)

知事法師

「但馬国司に牒をもって知らせる。奴糟麻呂と奴池麻呂とは同日に逃走した。これらの奴は重ねて逃走してきたので、本主大生部山方に託して〔貴国に〕返還すべく送付する。ただし〔奴らは〕先の官符にしたがって交易、つまり売買契約に基づいて貢上されてきたことを念のために申し添える。以上の旨を今状に書き記す。以牒」

以上のごとくであるが、ここで疑念がわくのは造東大寺司の役割である。国司からの牒はそれぞれ造東大寺司に宛てられていた。それならば奴婢進上にまつわるトラブルも造東大寺司が対処するのが本筋ではないか。そんな疑問もあるなか、寺家の三綱が前面に出て対応している。奴婢はもっぱら寺家に対して進上されたという認識が寺内にあったために、三綱が対応せざるを得なかったのか。役割分担が今一つはっきりしない。いずれにせよ、但馬国司が進上した奴婢の逃亡という難題は実はもっと根が深かった。

婢の逃亡

男性の奴だけでなく女性の婢もまた逃亡していたのである。

三綱が但馬国に牒を送ってから一〇ヵ月余り経ったころ、下総（しもうさ）国司から天平勝宝三年（七五一）五月二十一日付で次のような解が東大寺に届いた。*27 下総国は今の千葉県の北部に当たるが、茨城県・東京都の一部も含んでいる。

下総國司解　　申貢上逃官賤事
合婢貳口（當国一口 他国一口）
　婢稲主賣年貳拾壹歳（右頬黒子 部下香取郡神戸大槻郷中臣部真敷之婢）
　右、依民部省去天平勝寶元年九月廿日符買取、
　付運調使史生従七位下土師宿祢稲守貢上者、
　副逃来婢古麻佐賣年拾玖歳（頸右黒子又右手総黒子）
　右、但馬國二方郡婢者、
以前、得部下香取郡司解状、件婢等以今年五月六日逃来、即捉正身申送者、
国勘問、申云、以今年四月一日、従法華寺逃放来者、仍禁正身、付國傳貢上
如件、具状、謹解、
　　　天平勝寶三年五月廿一日従七位下行少目守山真人「智万侶」
守従五位下多治比真人（朝集使）　　正六位上行掾文伊美吉「伯麻呂」
正六位上行介當麻真人「佐賀武」　　従六位上行大目安宿造「大虫」

下総国印が二二顆、捺された公文書である。文中「迯」字は「逃」の異体字である。下総国司はいったん逃亡した官賤を貢上する旨を解でもって伝えている。その内容を見ると、二人の奴婢のうち一人は当国、つまり下総国の婢であるが、一人は他国の人間である。当国の婢は稲主賣といい二十一歳。「賣」は「め」と読み、「女」とも表記した。右頬に黒子(ほくろ)があり、下総国内香取郡神戸大槻郷中臣部真敷(なかとみべのましき)の婢で、去る天平勝宝元年九月二十日の民部省符にしたがって下総国が買い取り、運調使の土師稲守(はじのいなもり)に託して貢上した、とある。運調使とは国司が派遣する使節の一員であるが、税金の一種である調を都に運ぶことを任務としており、通常は運ぶ調物の数量・品目の目録、調を運ぶ運脚夫の名簿などを携行した。*28

この稲主賣に副えるのは逃亡してやって来た婢で、古麻佐賣といい、年齢は十九歳。右頸に黒子があり、右手甲にも黒子がある。但馬国二方郡出身の婢である。

「以上の件、香取郡司の解状によれば、件の婢らは今年(天平勝宝三)五月六日に逃亡してやって来たので、本人らの身柄を捉え国府に申し送った、とあった。そこで国司の方で取り調べたところ、今年四月一日に法華寺から逃亡し、放浪してきたという。よって本人たちの身柄を禁縛し、諸国の伝送に託して貢上するのである。状を具にする。謹解」

婢古麻佐賣

解の形式によれば、太政官経由で民部省に宛てられている。まず気になるのは但馬国二方郡出身だという婢古麻佐賣である。前述した但馬国司の奴婢進上の解を見ると、二方郡波大郷の小當女という婢がいる。

年齢は十七歳で右頸に黒子がある。身体的特徴が一致するので、名前を検討すると、小當女も古麻佐賣もどちらも「こまさめ」と読める。年齢は十七歳とあったが、それは解の日付が天平勝宝二年正月八日とあるので、勝宝元年の時点でのことであろう。すると天平勝宝三年は十九歳で一致する。漢字名の表記は異なるが、同一人物であることは間違いない。

但馬国の婢小當女はいったん東大寺に送られてきたあと、余り日をおかずに法華寺の雑役に廻され、法華寺で働いたあと、逃亡した。一方、下総国司によって買い取られ東大寺に送られた婢稲主賣も、東大寺から法華寺に廻されたが、婢小當女を連れて逃亡、下総国に帰る途中、二人で放浪していたところを下総国内で郡司に捉えられたということになる。稲主賣はともかく、小當女は但馬国からはるばる東大寺を経て下総国までやって来ていたのである。およそ二年数ヵ月、小當女はどのようにして生きてきたのであろうか。下総国司の解中にある「法華寺」は大倭国のそれだと考えられている。奴婢や庶民でも逃亡したり本貫（本籍）を離れて浮浪人になったりすることが多かった時代ではあるが、それにしても小當女が歩いた距離は驚異的ですらある。下総国から送り出された二人の若い娘は、国司や郡司の役人や運脚夫ら一行とともに、まるで犯人を護送するかのように手を縛られ、諸国の国府や郡家をつなぐ伝路を辿りながら東大寺を目指した。稲主賣はあとで登場する。

奴婢逃亡の理由

これまで述べた但馬国の奴婢進上の例をみると、奴婢の逃亡は東大寺での処遇以前の問題であり、所有主に売られて生活環境が変わることへの不安から出たことがわかる。捉えられ、再度進上されてもすぐさま逃亡するというのは、本人たちによほどの恐怖感があったのであろう。当時の奴婢制度のなかで、私奴婢の置かれた境遇を物語っていると言える。藤原仲麻呂による買賤進上政策はこうした実情をよく認識せずに出されたもので、失政だったことは明らかである。十五歳から三十歳までの働き盛りの人間を労働の価値として所有し売買するという奴婢制度はこの時代、すでに曲がり角に来ていたことを示しているのではなかろうか。さらなる検討を重ねるまえに、諸国奴婢進上文書のうち、もう一通の美濃国司解も見ておこう。

五　美濃国司解

美濃国よりの奴婢進上

年紀は但馬国のそれに続いて天平勝宝二年四月二十二日付である。[*29] 美濃国は今の岐阜県南部に当たる。

美濃國司解　申進上交易賤事
合陸人 奴三 婢三
價稲肆仟玖伯束　二人充各一千束 一人七百束　二人各八百束 一人六百束
奴小勝 年卅四 左目下黒子　價稲壹仟束
右、山縣郡大神戸〔郷〕戸主神直大庭之賤
奴豊麻呂 年廿二 右頬疵　價稲壹仟束

右、武義郡楫可郷戸主武義造宮廬之賤
奴益羽年十五 左目下黒子　價稲柒伯束
右、加茂郡小山郷戸主上連稲實之賤
婢乎久須利賣年廿二 左目後黒子　價稲捌伯束
右、厚見郡草田郷戸主物部足麻呂之賤
婢古都賣年廿 右頬黒子　價稲捌伯束
右、恵奈郡繪下郷戸主縣主人足口縣主息守之賤
婢椋賣年十五 左頬疵又黒子　價稲陸伯束
右、可児郡驛家郷戸主守部麻呂之賤
以前、被民部省去天平勝寶元年九月廿日符偁、被太政官同月十七日符偁、
被大納言正三位藤原朝臣仲麻呂宣偁、奉　勅、奴婢年卅已下十五已上、
容貌端正、用正税充價直、和買貢進者、省宜承知、依前件数、仰下諸國、
令買貢上、但不論奴婢、随得者、謹依符旨、交易進上如件、
仍具録事状、付朝集使守正四位上大伴宿祢兄麻呂申上、以解、
天平勝寶二年四月廿二日正七位下行大目志斐連「猪養」
参議兼紫微大弼正四位上行守勲十等大伴宿祢朝集使　正六位上行大掾阿倍朝臣税帳使
従四位上行紫微少弼兼中衛少将員外介巨萬朝臣(福信)京　止七位上行少掾佐伯宿祢「久良萬侶」
従五位下行介勲十二等津嶋朝臣「男」　従七位上行少目栗栖史「大成」

賤民を交易によって買取り進上する旨を伝える美濃国司の公文書で、美濃国印が三一顆、捺されている。宛所は明記していないが、結文が太政官まで上げなくて済むように「以解」となっているので民部省とわかる。前段は冒頭に奴婢各三人、計六人について、二人は各一〇〇〇束、また二人は各八〇〇束、あとは七〇〇束が一人、六〇〇束が一人、合計稲四九〇〇束で買い入れた旨のそれぞれの数値のみを書き出し、そのあと、各奴婢の名前と年齢、身体的特徴、買入れに要した稲価、それに本の賤主の戸主としての戸籍を付記している。奴の年齢は一人が三十四歳と条件をはみ出しているが大目に見てくれるだろう。

後段は丹後・但馬の奴婢進上の解とほぼ同文であるが、民部省符に従って実施した奴婢取得の行為を丹後国司が「簡買」、但馬国司が「買取」と法に定める用語を使っていないのに対し、美濃国司では「交易」と明確に規定している。交易は交関ともいい、代価を支払って「物」を売買することであるが、倉庫令第一五条には「交易物直」の語句があって、官司が必要物資や中央への貢献物などを購入するために支出する稲や布などを指していたから、官稲を充てて奴婢を購入することはまさに「交易」そのものであった。

婢椋女の逃亡

それにしても美濃国は超大物の官僚が国司に任命されている。兼任であるが国守の大伴兄麻呂（えまろ）は参議で紫微大弼（しびだいひつ）。紫微少弼（しょうひつ）兼中衛少将の巨萬（こま）福信は高麗福信ともいい、もと肖奈（せな）王で、かつてすぐれた地方行政官として聖武天皇から褒められた人物[*30]。当然、下位の国司たちも優れた人材だったのであろう。美濃国には東山道の不破関（ふわのせき）があり、中央政府としても地政上の点から美濃国を重視していたことがわかる。しかしそんなことは賤主から売られてしまい、はるか平城京まで役人に送り出される奴婢本人には関係ないことである。不安が募ったのであろう。十五歳の婢椋賣（女）が逃亡して捕まった。[*31]

朝集雑生秦石前
婢椋女十五　美濃國買進婢逃亡令捉進者、
右、付朝集雑生秦石前進上如件、
天平勝寶二年五月廿六日到来

朝集使の下級役人が婢椋女の身柄を確保して、出発から約一ヵ月後の五月二十六日に東大寺に到着した。そのときの記録が東南院に残った。一方、前に到着していた奴小勝、奴豊麻呂、婢乎久須利賣には一種の交代要員としての役目が待っていた。このことについては後で述べる。

さて、東大寺奴婢文書四六通のうち、仲麻呂の命を受け太政官・民部省・国司と、いわば正規のルートで奴婢が国司から進上されたことを示す国司解は、丹後・但馬・美濃の三ヵ国を除けば他にない。仲麻呂の宣がこの三ヵ国にのみ下されたとは到底考えられず、現に前述の下総国司解が九月二十日付の民部省符に言及していたから、全国規模で布告されたことは間違いない。しかも下総国司解の内容を見ると、下総国では以前に、逃亡して捉えられた婢稲主賣を含めて、何人かの奴婢を進上したに違いないが、そのことを示す解は残っていない。

第二章

寺家による奴婢の買取り

一　近江国坂田郡司解

三綱による奴婢帳分類

前述の天平神護三年（七六七）の奴婢帳目録によると、東大寺三綱では早くから奴婢帳を官納・諸国買進・寺家買取・大宅可是麻呂貢進の四分類に分けていた。これらのうち、これまで検討してきた諸国買賤進上文書については、すでに天平神護三年の時点で美濃・近江・丹後・但馬の四ヵ国しかなかった。しかもそのすべての解が現存しているということは、仲麻呂の指示による奴婢進上は結果的には四ヵ国をあまり超えない国数だったことを示す。諸国買賤進上政策は現実離れしたものだったというわけである。

天平神護三年の奴婢帳目録による四分類のうち、第一に掲げられていたのは「官奴司解」で、「奴婢二百人」という注記から、天平勝宝元年（七四九）十二月二十七日施入の「奴百人、婢百人」の詳細を伝える文書に違いない。しかし第三分類の「寺家買取」文書のうちには、天平十八年（七四六）の仲麻呂による近江国奴婢進上に続く年紀の古いものがあり、しかもこの目録を見ると、揺籃期の東大寺ではすでに大勢の働き手を必要とし、寺家による積極的な奴婢購入の動きがあったことが感じられる。そこで天皇による大量の奴婢施入の背景を知るためにも、あらかじめ寺家による奴婢買取り事情を明らかにしたいと思うのである。

坂田郡立券文

寺家買取文書でもっとも古いのは天平十九年（七四七）十一月二十二日の日付を持つ坂田郡司解である。[*32]これは天平神護三年奴婢帳目録では、寺家買取奴婢帳記載の近江国坂田郡立券文に当たる。

坂田郡司解　　申賣買賤立券事
合貳人 並婢
婢慈賣年參拾參
婢其志賣年拾壹
　並近江國坂田郡上丹郷戸主堅井國足戸口息長真人真野賣賤
右、得真野賣辞状云、上件賤、惣宛價直稲壹仟貳伯束、賣与東大之寺已訖、
望請、依式欲立券者、郡依申状、勘問得實、仍勒沽人并三綱署名、申送、以解、
　　天平十九年十二月廿二日専沽人息長真人真野賣 ー ー ー 右手指
　　　　　　戸主堅井「國足」
　　　　　買得寺三綱都維那僧「法正」
　　　　　　知事僧「平榮」
　　　　寺使春宮舎人息長真人「刀祢麻呂」
　　　證人少初位上息長真人「忍麻呂」
大領正八位上坂田酒人真人「新良貴」　主帳外大初位下穴太村主「麻呂」
少領外従八位上中臣「嶋足」
「國判依請、
　　大掾位正六位下阿倍朝臣「許智」

員外少目従七位下穴太史

天平廿年三月九日」

これは賤民の売買について立券、つまり正式の売買契約文書を作成してくれるよう申し出があったことを近江国の坂田郡司が近江国司に上申した解である。そこで国司では解を受け付け、正式の公文書とするために近江国の国印を一九顆、捺した。内容は左記のようなことである。

「婢慈賣年齢三十三歳と婢其志賣年齢十一歳の二人の婢について、二人とも坂田郡上丹郷の戸主堅井(かたいの)國足(くにたり)の戸口息長真人(おきながのまひと)真野賣(まのめ)の賤民であるが、真野賣の訴状によれば、件の賤民は二人合わせて稲一二○○束で東大寺にすでに売渡し済みであるので、規則にしたがって立券していただきたいと申請してきた。そこで郡司では申状によって取り調べたところ事実であると判明した。よって売人と三綱の署名をとりそろえて申し送る。以解」

郡司の解の通り、日付のもと、売買双方が連署した。まず売り手の真野賣は画指で、右手指印を描かせ、続いて戸主の堅井國足が署名、買い手の三綱からは都維那法正、知事平栄が署名した。また寺側の使者として春宮舎人の息長真人刀祢麻呂(とねまろ)が署名しているが、これはこの解をいったんは東大寺に持ち帰り、三綱僧から署名を得たことを示す。なお息長真人という氏姓からすれば、売り手の真野賣の親族だろう。証人として立ち会い署名した忍麻呂も親族に違いない。続いて郡の長官の大領以下郡司が署名し、近江国府では三等官上位の大掾らが署名した。その日付は天平二十年（七四八）三月九日であった。

立券の背景

文中に「東大之寺」とあるように、まだ東大寺という寺名が確定していないころのことである。仲麻呂の宣による諸国買賤進上政策はまだ発令されていない。それでも寺務を預かる三綱所としては何かと働き手が要ったのであろう。たまたま春宮舎人の息長刀祢麻呂に声掛けしたところ親族の女性の賤民二人を紹介された。年齢差からすると母子かもしれない。取り敢えず寺家で買い入れることになった。しかし東大寺からすぐに対価の稲一二〇〇束が支払われなかったのか、心配になった賤主の真野賣が地元の郡司に立券を願い出たというわけである。

この解は手続きや書式がよく整っており、どうやら奴婢の売買には法律上の定めがあるらしい。実は律令法では関市令第一六条に次のように規定している。関市令とは関所の管理と通過、東西市の管理運営と交易などを定めた法律である。

「凡そ奴婢売らば、皆本部の官司に経れて、保證取りて、立券して価付けよ。其れ馬牛は、唯し保證責ふて、私券立てよ」

奴婢の売買には役所への届けが必要であった。ここでいう「本部」とは、居住地の郡および国のことであり、「官司」とは郡司・国司のことである。奴婢の主人が売渡契約書を作成して、売渡しが事実であることを証言する保証人を立て、官司に提出して官司がこれに判署することになっていた。なおここでいう保証人は、保人と証人の区別があるなど、連帯保証人に近い責務を負っていたようである。

問題の案件は二人の婢の主人の真野賣は字が書けなかったらしく――名前の横に画指という本人の指の節の位置が署名代わりに書かれている――、代わりに証人の息長忍麻呂が「辞状」を書いたのであろう。「辞」は雑任、つまり主典以下の下級官人の初位以上または庶人が諸司に上申する場合の書式で、公式令第一五条に規定がある。郡司ではこの辞状を受理して立券したというわけである。律令法に定める奴婢の法的性格は基本的には「物」と同じであることから、奴婢は牛馬並みに扱われたとする見解は多い。しかし関市令第一六条の「売奴婢条」を見る限り、律令制定者は明らかに牛馬売買と区別し、奴婢の人間的側面に配慮して、人身売買を一定の法的規制下に置いたということになる。

奴婢の売買価格

ところで解中とくに注目したいのは二人の婢の買価の「稲一二〇〇束」という表記である。前年七月に上申された近江国司解でも「稲〇〇束」とあった。売買価格の比較はともかく、単位が「束」と表示されているのは、国司の場合、近江国内で備蓄されている穂付きの頴稲を充当したためであった。三綱が一二〇〇束支払うとした稲は、寺内でも頴稲の形で保管されていることを意味しているのであろうか。

揺籃期の東大寺にそのようなゆとりがあるとも思えないが、先輩格の大安寺が同じ年の天平十九年二月十一日付で、僧綱を通じ太政官に報告した同寺の『流記資財帳』を見ると、諸国に所在する食封の戸数や出挙稲の束数、墾田地の面積を列挙したあと、寺内に備蓄する米穀類として、「糒（乾飯）九九碩（石）

七㪷（斗）一勝（升）、米三三一八斛（石）二㪷八勝、籾（穀）三〇一〇碩二㪷二勝、稲二二〇万一六〇六束八把三分半」と、詳細な数量を計上している。[*33] 稲とはむろん頴稲のことである。これほどの数量ではなかろうが、当時の東大寺が頴稲を保持していたことは間違いないだろう。したがって奴婢の買価を稲の束数で表記することに矛盾はない。

二　平城京の行政組織

平城京の行政区画

天平神護三年の奴婢帳目録では、寺家買取奴婢帳は一二通が一巻にまとめられ、うち最多の八通が左京職立券文で、奴一〇人と婢一四人の奴婢二四人分を記載するとあった。ただしあとで訂正があったのか、婢は一三人で、奴婢の計は二三人だとしていた。いずれにしても東大寺は平城京左京に在籍の奴婢を二三人も買い取ったことが示されている。ところが一方、奴婢帳目録は右京については一通のみ、それも婢一人の買取りを示しているに過ぎない。現存の関連文書四六通のうち、寺家買取文書は前述の坂田郡司解を除くと四通しかなく、左京一通、右京一通、左右京いずれか二通で、右京分は天平神護三年の目録で一通と確定しているので、いずれかというのは左京分であることがわかる。そこでこれらの文書を検討するとなると、あらかじめ平城京の行政組織と運営がどのようなものであったか、確認しておくのが望ましい。

周知のように、藤原京以来の日本の都城は条坊制によって土地が区画された。平城京では朱雀門から南進する中央の目抜き通り「朱雀大路」を縦軸線として、東の左京、西の右京に分かれ、それぞれには碁盤の目のように縦横に大路が走っていた。大路で仕切られた各区画は「坊」と呼ばれ、東西に並ぶ坊の列は「条」と呼ばれた。条は南北に一条から九条まであり、坊は朱雀大路を挟んで東西に各四坊あった。

各坊は小路によってさらに細かく仕切られるが、小路は縦横三本あるので一坊は一六の坪（町）から成り立っていたことになる。なお左京の一条から五条までは東に三坊分の張り出しがあり、外京といった。横軸の条と縦軸の坊とをそれぞれ東西南北に交差させることによって、大路で区画された各坊の位置情報を知ることができる。たとえば左京一条三坊というようにして、居住者の住所が明示されるのである。

平城京の行政組織

人工的に形成された居住空間に人々が住むと当然行政組織が必要となってくる。土地区画が大きく左京と右京に分かれていたように、それはそのまま行政区画に生かされた。つまり平城京全体を統括する責任者は存在せず（たとえば東京都知事のような）、左京と右京は別個の組織体とされ、それぞれ左京職（しき）・右京職と呼んだ。養老令職員令第六六条は左京職について規定し、右京職も準じるとしている。その職掌はほぼ諸国の国司と同じで、戸口の名籍（みょうじゃく）、百姓の字養（じよう）、検察、貢挙（ぐこ）、孝義、田宅、雑徭（ぞうよう）、良賤、訴訟、市・店、度量衡、僧尼の名籍など、平城京民のあらゆる生活面を規制するさまざまな要件があった。

さらに第六六条は配属する官人について触れている。幹部の四等官は長官の大夫、次官の亮、第三位（判官）の大進・少進、第四位（主典）の大属・少属で構成され、その下に一二人の坊令を置くとしている。坊令の員数については大宝令をそのまま引き継いだ結果で、藤原京の条坊制が想定されている。つまり藤原京は南北十条東西十坊からなっていたらしく、中央の藤原宮の四坊分を除くと全体で九六坊、左右京それぞれで四八坊からなり、四坊に一人の坊令を置いたことから一二人とされたのである。藤原京全体では二四人となる。

なお四坊に一人の坊令を置くことについては戸令第三条の「凡そ京は、坊毎に長一人置け。四坊に令一人置け」に拠っており、また坊令の下部組織として各坊に坊長が置かれたこともわかる。続いてこれら坊令・坊長の職掌について第三条は「戸口を検校し、姧非を督し察、賦徭を催し駈はむこと」とする。今風に言えば、戸籍の登録、警察と裁判、納税の督励といったところで、この時代はまだ警察や裁判の専属機構はなく、地元住民に任されていたのである。検非違使が置かれるのは平安朝初期である。彼らの任用資格については戸令第四条に規定があり、「坊令には、正八位以下の、明廉強直にして、時の務に堪へたらむ者を取りて充てよ。里長・坊長には並びに白丁の清く正しく、強く幹からむ者を取りて充てよ」とある。

坊令から条令へ

ここで注目したいのは、坊長の立場は戸令第一条にいう里長のそれと同じだということである。これによって諸国での国―郡―里の行政単位に対応して、京内では京―四坊―坊の行政単位で統轄しようとしたことがわかる。藤原京を想定して四坊に一人の坊令を置くという律令法の原則は、平城京にそのまま踏襲されたようで、『続日本紀』神亀三年（七二六）九月二日の条に、京官の坊令に言及した記事がある。[*34] 正倉院文書でも天平五年（七三三）六月・七月の右京三条三坊の計帳に、また天平七年十一月の左京職符に、それぞれ坊令の肩書を持った人物が登場する。[*35]

ところがこれを最後に坊令という職名は文献からぷっつり途切れる。天平七・九年の天然痘大流行、天平十二年から十七年にかけての廃都と、平城京を襲った激変に平城京の行政区画も変革を迫られたのであろうか。正倉院文書には坊令に代わって「条令」という職名が登場する。これから取り上げる天平二十年の「一条令」の解がそれである。律令法では条坊制の「条」が行政区画として規定されることはなかった。これまでの「坊」による四ブロック制は行政上不便だったのであろう。左右京いずれも横軸の「条」は原則四坊からなっており、現実に合わせて改革したのだろう。これによって京—条—坊という統轄関係は明瞭となり、以後行政組織として機能したと思われる。「条令」はその後、宝亀二年（七七一）二月の正倉院文書でも現れる。[*36] 平安朝では京内の行政組織もそのまま踏襲したらしく、現存文書では十世紀前半について条令による解が散見される。

三　京職関連文

左京一条令、解し申す

さて平城京の行政組織の実態がわかったところで、左右京の奴婢に係わる文書四通を見ていこう。まず、年紀が早いのは次の一条令の解で、天平二十年（七四八）十月二十一日付である。[*37]

一條令解　申賣買奴婢立券事
　婢黒女年参拾参歳
　婢積女年捌歳

婢真積女年伍歳
奴積麻呂年肆歳

　　部内三坊戸主正七位下大原真人今城戸口大原真人櫛上之奴婢

右、得櫛上申状云、上件奴婢、以銭貳拾貫充價直、賣遷東大寺已訖、望請、
依式欲立券者、今問虚實、方知實状、仍勒證人並三綱名、申送如件、謹以解、

　　　天平廿年十月廿一日賤主大原真人櫛上
　　　　證兵部省少丞正七位下大原真人今城

　これは「一條令解し申す賣買奴婢立券の事」の事書きのもと、左京一条令が管轄内の一住民から奴婢の売渡についての立券の申し立てがあり、それを左京職に上申した解である。ただし正式の公文書ではなく案文である。内容は左記のようなことである。

「婢黒女年三十三歳、婢積女年八歳、婢真積女年五歳、奴積麻呂年四歳は管轄内左京一条三坊の戸主正七位下大原真人今城（いまき）の戸口大原真人櫛上（くしかみ）の奴婢であるが、大原櫛上の申状によれば、上件の奴婢は銭二〇貫を価格に充て、すでに東大寺に売渡し済みであるので、望み請うらくは、式に依り立券して欲しいとあった。そこで今虚實を尋問したところ、事実と了知したので、証人並びに三綱の署名をそろえて申し送る。謹以解」

ほぼ関市令の条文通りの手続きを踏んでいて、日下に売り主の賤主大原櫛上が文書を作成のうえ署名し、一種の身元引受人である戸主の大原今城が保証人として署名し、東大寺三綱の署名はこれからという案文である。結文は「謹解」、「以解」どちらとも取れるが、他に同様の用例も見られる。三人の子供はおそらく姉妹弟で、この奴婢らは母子であろう。まとめて銭二〇貫という賤主の付けた価格が妥当なものかどうかは不明であるが、これまで取り上げた奴婢売買の価格表示が穂付きの稲の束数だったのとは異なり、銭価であることが注目される。

左京職移

年紀のうえでこの左京一条令解に続くのは次の左京職移で、天平感宝元年（七四九）六月十日付である。[*38]

左京職移　東大寺

婢弟女

婢秋女已上二人六條一坊戸主犬上朝臣真人戸口犬上朝臣都加比女之賤

右、得（都加比）女訴状云、上件婢等、以去三月立券．賣納東大寺已訖、然寺未与其價、至今訴申已經數月、都無処分者、□□□状、案関市令云、賣買奴婢、立券付價、然即立券、理應付價、若未与價、所訴合理、仍具訴状、移送如件、至早処分、故移、

天平感寶元年六月十日従七位上行少属平群臣「廣道」

正六位上行少進猪名真人「東万呂」

これは左京職が東大寺に宛てた公文書で、「左京之印」が一七顆、捺されている。ただし文書を「移」としたのは書式からすれば正確でない。移式については第一章四節で述べたように、直接の統属関係のない官司間での伝達文書の書式であり、官司が僧綱のような官司類似の機関であれば「移」を「牒」に代えるよう定めているからである。書式はともかく、左京職が東大寺へ伝達した内容は次のようなことであった。

「婢弟女と婢秋女の二人は左京六条一坊の戸主犬上朝臣真人の戸口犬上朝臣都加比女（つかひめ）の賤民であるが、都加比女の訴状によれば、『件の婢らは去る〔天平感宝元年〕三月に立券し、すでに東大寺に売納が終わっている。然るに寺は未だその売価を与えず、今に至るまで訴え申してすでに数月を経ても、なんの処分もない』という。そこで訴状につき、関市令を調べると、『奴婢を売買するときは立券して価を付けよ』とある。然ればもし立券していれば価を付けることは当然なされているはずである。もし未だ価を与えていないのであれば、訴えの内容は理に合っている。仍って訴状を具に記し、移送する。状到れば早急に処分されたい。故移」

日下には移の作成者である左京職の少属平群廣道（へぐりのひろみち）が署名し、横に上司の少進猪名東万呂（いなのあずままろ）が連署した。東大寺がどのように処分したかわからない。関市令第一六条にいう「立券付価」というのはどうやら立券と同時に買取価値を支払うことを前提にしているようである。ところが寺家側ではそれを履行しなかったために訴えられた。支払いを遅滞させたのにはわけがありそうである。

寺家返券文の事

それは次の「返券文」と題された東大寺奴婢関連文書を見ても推測できる。*39

返券文事　一紙

奴蘓良麻呂大原真人長濱之賤者

右、付式部省位子新城真人御笠、返送如前、大原殿之使者

天平勝寶元年七月廿三日等貴

都維那僧

知事平榮

奴蘓良(そら)麻呂という、おそらく左京の住民と思われる大原長浜の賤民を東大寺で買い取っていたが、なんらかの理由で本の賤主に送り返すことになった。そこで東大寺三綱では本の賤主が寄越した使者式部省位子新城御笠(にいきのみかさ)に託して奴の券文を返すこととし、その旨を覚書にして使者に渡した。

仲麻呂の買賤進上政策によって貢進された奴婢のなかにはたびたび逃亡を繰り返すような者がおり、東大寺はそうした奴婢を本の賤主に返上するという措置を取ったことがあった。同様にして奴蘓良麻呂も、東大寺では不要な人物として送り返したのである。

奴婢の試用期間と支払い猶予

こうした経験から、買い取ることになった奴婢が果たしてまじめに働いてくれるのかどうか、しばらく見極めることにし、それまでは対価の支払いを猶予するという、つまり、いわゆる試用期間を設けるようになったのであろう。そこで訴訟が起こった。前述の左京職移はこのことを示している。もし関市令が奴婢の売買について即時の支払いを前提にしているのであれば、訴訟が多発することは必定である。

東大寺三綱が政権に対してどのような働きかけをしたかはわからないが、天平神護二年（七六六）八月十八日の太政官符はこうした問題の一端に触れているかもしれない。この太政官符は当時の右大臣藤原永手が称徳天皇の勅を奉け、諸国の国分寺に対して下したもので、そのなかに「若し誤って悪い奴婢を買えば、必ず本主に返すべし。三年を以て留返の期と為す」の文言がある。素行が悪くあまり働かない奴婢は本の賤主に返還するように、ただし三年以内に限ると定めているのである。[*40]

文広河による進賤解案

年紀で左京の奴の返券文に続くのは、次の右京の文伊美吉廣河（ふみのいみきひろかわ）貢賤解案である。[*41]

謹解　申進賤事
婢阿古賣年廿八　右京九條三坊戸主文伊美吉廣川婢　印左眉上黒子頸左黒子
直壹拾貫
右、件婢進状録、謹以解、

婢進人中宮省舎人文伊美吉廣河

相知進沙弥信守

天平勝寳元年十月十一日

「謹んで解し申す賤を進むる事」の事書きのもと、右京九条三坊の戸主で中宮省舎人の文広河が、直（あたい）一〇貫に相当するみずからの婢の阿古売二十八歳を進上する旨を録し、右京職に上申する文書で、実際に進上することを相知る沙弥が連署する。ただしこの文書はその案文である。天平神護三年の奴婢帳目録では、右京職立券文となっているが、正しくは貢進文である。なぜこの案文が東大寺に残ったのか不明だが、沙弥信守というのは東大寺僧なのであろうか。この文書で注目されるのは婢本人の価格が銭一〇貫と評価されていることである。

天平神護三年の奴婢帳目録では、寺家買取奴婢の立券文として、他に左京職で五通、河内国の若江郡と石川郡で二通が挙げられているが、立券文そのものは現存しない。そのうえ前述の一条令解に見られるように、左京職所注の奴婢が二三人とあっても、実際の働き手は果たして何人だったのか疑問である。

いずれにしても寺家による自主的な奴婢買取手法が労働力確保に有効だったとは思えない。第一章で述べた仲麻呂による諸国買賤進上政策も実効性はなかった。東大寺の急速な発展とともに、増大するさまざまな労働力の不足にどう対処すればよいか、寺家は困難な課題を抱えていた。天平勝宝元年はまさにそうした状況下にあったが、その暮れ近く十二月二十七日に奴婢各一〇〇人、合わせて二〇〇人が天皇によって施入されることになったのである。

第三章

天皇による官戸奴婢の施入

一　官戸と官奴婢

官奴司による奴婢管理

聖武天皇による奴婢の施入とは、天平神護三年（七六七）の奴婢帳目録の冒頭の「官奴司解一巻」が示しているように、官奴司（かんぬし）という官司が管理する官有の奴婢を施入することである。官奴司は宮内省の被官で、養老令の職員令第四九条に規定がある。それによると、長官は官奴正といい、職掌は「官戸奴婢名籍及口分田事」とある。官戸奴婢とは官有の賤民、つまり官戸と官奴婢のことである。名籍とは戸籍に当たるもので、官戸・官奴婢は国郡に本貫を持たなかったので、別途に作成する必要があった。

戸令第三六条によれば、「毎年正月に、官戸・官奴婢それぞれにつき籍を各二通造り、うち一通は太政官に送り、一通は官奴司に留める。また各人に工能が有れば、その旨を具に注記するように」と定めている。工能とは工作・書算・医術といった本人が持っている技能を指す。官奴司は国家が所有する官戸と官奴婢の詳細な名籍帳、言い換えれば名簿を保有し、しかも毎年更新していたのである。もし死亡者が出れば、官奴司が検校（けんぎょう）して年末に太政官に報告しなければならなかった（雑令第三二条）。

官戸と官奴婢の身分差

官戸と官奴婢では同じ賤民であっても身分差があった。『続日本紀』にこんな記事が載っている。

養老四年（七二〇）八月一日に、元正天皇が右大臣藤原不比等の病気平癒を願って大赦を行ったが、翌二日には、「平城京内の四八寺院に命じて一日一夜の『薬師瑠璃光如来本願経』奉読法要を勤めさせ、さらに官戸一一人（一〇人の誤りか）を解放して良民とし、奴婢一〇人を除籍して官戸に従わせた。右大臣の病を救うためである」と。*42

この記事の奴婢とは官奴婢のことである。一〇人ほどの官戸や官奴婢というのは、文脈からすれば平城京の住民であろう。病気平癒の恩勅の一環として、官戸は賤身分を解放されて良民となり、官奴婢は身分を一ランク上げて官戸としたのである。こうした律令国家が採る重層的な身分制度からすれば、奴婢は官有であれ私有であれ、少しでも機会があれば、たとえ一ランクでも身分差を乗り越え、やがて解放されて良民となる希望を懐いたことであろう。この恩勅の主旨によれば、官戸・官奴婢は賤民であっても流動可能な身分であったことがわかる。

官奴婢の技能と業務

官奴婢は大雑把に言えば、宮廷のさまざまな業務の補助的作業に従事する者であり、その業務の範囲はきわめて広かった。官戸奴婢の名籍帳を作成するさい、本人の職能を詳細に注記するよう指示があった。籍帳には金銀鈿師（きんぎんでんし）・銅鉄工・木工・染色工・漆工など手工業的な職工から水汲み・火たき・掃除・荷物運搬などの雑役夫まで、官婢では女医から織手・染手・縫手や炊事・洗濯などの雑役婦まで、多種多様な人々が登録されていたと思われる。

『続日本紀』は天平十五年（七四三）九月十三日の条で伝える。官奴の斐太（ひだ）が初めて「大坂の沙」を使って玉石を磨く技を会得し、その功績によって官奴の身分をゆるされて良民となり、大友史の姓を賜ったという。[*43] 大坂の沙とは大阪府と奈良県の境界にある二上山産出の金剛砂のことである。官奴の斐太が地元かそれとも京内か、どこに住んでいたかはわからない。

『続日本紀』はまた官奴にまつわるこんな逸話も伝えている。

養老四年六月二十八日、大蔵省被官の漆部司の令史丈部路石勝と直丁の秦犬麻呂とが、官司の漆を盗んだ罪に問われ、ともに流罪に処せられた。そこで石勝の息子祖父麻呂十二歳・安頭麻呂九歳・乙麻呂七歳らはそろって父親の心情を慰めようと、死を賭して天皇に上表文を奉り歎願した。「父石勝は自分たちを養おうとして官司の漆を盗み、遠方への配流となりました。われら兄弟三人、身をもって官奴となり、父の重き罪を贖いたいと思います。死罪謹言」と。元正天皇は詔して言われた。「人の五常を稟くるに仁義斯れ重く、士の百行有るに孝敬を先とす。今、祖父麻呂ら、身を没めて奴と為り、父が犯せる罪を贖ひて骨肉を存らしめむと欲。理、矜愍に在り。請ふ所に依りて官奴として、即ち父石勝が罪を免すべし。但し、犬麻呂は刑部省の所断に依りて配処に発す」と。[*44]

五常とは儒教にいう仁・義・礼・智・信の五つの徳目のこと。これらのうちなんといっても重いのは仁義であり、人の行いとしてまさるのは孝敬である。まさに人として慈しみの心をもって道理を尽くし、孝養に励んで親への敬愛をにじませた。今、祖父麻呂ら、身を落として奴となり、父が犯した罪を贖おうとする、その心情やまことに憐れである。天皇は願いの通り官奴となることを認め、父石勝の罪を免じたのである。

没官の奴婢

また天平宝字四年（七六〇）三月十日の条では、「没官の奴二三三人、婢二七七人を、雄勝柵(おかちのき)に配して並びに良人に従へしむ」との記事を載せている。[*45] 没官(もっかん)の奴婢とは、重罪によって身分を落とされ、官の所有となった奴婢を指す。とくに賊盗律第一条は謀反および大逆を犯した者について、本人は斬首に、その父子、つまり一族ならびに家人(けにん)は官有の官戸奴婢に処すとする。雄勝柵は出羽国（秋田県）に所在した蝦夷(えみし)経略の最前線で、天平宝字年間に大規模な建設が行われ、鎮兵・役夫を徴発、浮浪人二〇〇〇人を柵戸(きのへ)とした。天平宝字元年（七五七）の橘奈良麻呂(たちばなのならまろ)の変に加わった貴族たちは拷問死や斬首・流罪に処せられたが、そのさい縁坐(えんざ)して官有奴婢となった一族も多かったようで、おそらく蝦夷経略の一環として彼らを良人、つまり良民として解放し、代わりに、雄勝柵へ強制移住させたものであろう。

官戸奴婢の家族的構成

これらの史実でも明らかなように、官戸奴婢はかならずしも大人ばかりで構成されていたわけではなく、幼児も含まれていたことを忘れてはならない。雑令第三四条は「凡そ官戸奴婢、三歳以上には、年毎に衣服給へ。春は布の衫(ひとへのきぬ)・袴(はかま)、衫(ひとへぎぬ)・裙(も)各一具。冬は布の襖(あはせのきぬ)・袴(はかま)、襦(あはせのきぬ)・裙(も)各一具。皆長短に随ひて量(かぞ)へて給へ」と定め、同じく第三二条は「凡そ官戸奴婢は、旬毎に休假(くけ)一日放(ゆる)せ。父母喪しなば、假(け)卅日給へ。産の後十五日。其れ懐妊し、及び三歳以下の男女有らば、並に軽き役に従へよ」と定めている。

三歳以上の官戸奴婢は毎年身の丈に合った制服を支給され、一〇日ごとに一日の休暇があり、父母の服喪期間は三〇日、出産休暇は一五日であり、官婢で懐妊あるいは三歳以下の嬰児を抱えている母親は軽労働に就けるようにと指示された。これらの法令がどこまで遵守されたかはわからないが、少なくとも律令制定者が通常の家族的営みを想定していることは確かである。

二　唐令との比較

戸令第三八条

さらに戸令第三八条は次のように定めている。この条文は誤解を生みやすい文言になっているのでまず原文と釈文を掲げる。

凡官奴婢。年六十六以上及癈疾。若被㆓配没㆒。令㆑為㆑戸者。並為㆓官戸㆒。至㆓年七十六以上㆒。並放為㆑良。任所㆑楽処附㆑貫。反逆縁坐。八十以上。亦聴㆑従㆑良。

「凡そ官奴婢、年六十六以上及び癈疾(はいしつ)ならむ、若し配没(はいもち)せられて、戸と為(せ)しめたらば、並に官戸と為(せ)よ。年七十六以上に至りなば、並に放(ゆる)して良と為よ。任(ほしいまま)に楽(ねが)はむ所の処に、貫(かん)に附(つ)けよ。反逆の縁坐(えんざ)、八十以上ならむは、亦良に従ふること聴せ」

この条文を『続日本紀』の解説者の理解も参考にしながら、[*46]かみくだいて言えば次のようなことになろうか。なお文中の癈疾とは、戸令第七条に詳しく述べるが、身心障害者を障害の度合いによって残疾・癈疾・篤疾の三段階に分け、そのうちの中程度をいう。

「官奴婢で年齢が六十六歳以上または癈疾となった者、ならびに謀反・大逆を犯した者の父子・家人で没官となったが、とくに戸を為すことを認められた者はいずれも官戸とするように。年齢が七十六歳以上に達したならば、いずれも解放して良民とするように。そのさい希望を聞き入れ、本貫を定めて戸籍に附けるように」

文章構造が複雑になったのは、日本が参考にした唐令のためでもある。大宝律令制定者がおもに範としたのは唐の永徽(えいき)律令（六五〇年制定）のようであるが、『律令』解説者は第三八条の補注「官奴婢・官戸の放免の年齢と篤疾」において、永徽令は未詳で、開元令によるとして「其年六十及廃疾、雖赦令不該、並免為番戸。七十則免為良人」を引用し、「年六十を日本令が年六十六と変えたのは、六十六を耆(き)として課役を全免した日本令」に合わせ、「唐制の年七十を年七十六と変えたのも、それと関連して六歳引き上げた可能性が強い」などと説明し、[*47]それ以上の引用文はない。

『旧唐書』の記事

唐代の記録は唐末の反乱によって甚大な被害を受けたが、五代に入って苦心蒐集(しゅうしゅう)し、『旧唐書(くとうじょ)』が編纂された。その職官志に、戸令第三八条の成文の根拠となったと思われる次のような記事がある。[*48] ただし返り点は筆者による。

> 凡反逆相坐、没二其家一為二官奴婢一。一免為二蕃戸一、再免為二雜戸一、三免為二良民一、皆因二赦宥一所レ及則免レ之。年六十及廃疾、雖二赦令不一レ該、亦並免為二蕃戸一、七十則免為二良人一、任所レ樂處而編附レ之。

戸令第三八条の原文と『旧唐書』の記事とを対照すると、一見して酷似していることがわかるが、それだけでなく、第三八条の理解を容易にするうえで、いくつか指摘できることがある。まず㈠条文の冒頭の官奴婢とは、反逆相坐が原因となっていること、㈡官奴婢の年齢および疾病の該当者は、いずれもランクを一段上げた蕃戸とすること、㈢蕃戸は年七十になれば免(ゆる)して良民とし、本人が希望する居所に本貫を定めて戸籍に附けること、などである。

さらに『旧唐書』列伝「子子餘」の項には、官戸奴婢と蕃戸の関係を明らかにする故事がある。[*49]

唐初、涇州と岐州に存在した隋代の蕃戸の子孫数千家の処遇をめぐって、司農卿の趙履温が「悉く没官して官戸奴婢とし、しかるべき功臣に賜与すべし」と奏上した。これを聞いた監察御史の子子餘は「官戸は恩勅を承けて蕃戸となったのであり、しかもその子孫たちである。今さら賤民と為すことはできない」と反対した。廷前での両者曲直の議論の結果、趙履温が折れ、子子餘の意見が通った。

こうした経緯を経て、蕃戸は主として司農寺（役所の一つ）に属し、一年に三回、一回につき一ヵ月上番したので番戸、あるいは官戸と称されるようになった。これで唐代において、政府に隷属する賤民は官奴婢・官戸（蕃戸・番戸）・雑戸のランクを経て、ようやく良民になることができたのである。

戸令第三八条の意味

これら唐代の記事を参考に改めて戸令第三八条の意味を読み解くと、官奴婢より一ランク上位の官戸の立場が含意されていることがわかる。つまり官戸奴婢と一括して語られるものの、官戸と官奴婢は一ランク身分差があり、官奴婢が年齢六十六歳以上で官戸となることができるのであれば、一ランク上位の官戸は年齢が六十六歳以上で解放されて良民となり、本人の望む本貫に戸籍を持つことができるということである。

官奴婢の場合、唐令が六十歳で官戸、七十歳で良民と決めていたのを、日本令は六十六歳で官戸、七十六歳で良民と六歳も引き上げてしまった。少なくとも没官して官奴婢となった家族は、ほぼ一生国家のために働き続けねばならないことになる。律令制下の賤民に係わる諸法令や、これまで紹介したような官戸奴婢に関する史実を通覧すると、そこには儒教的政治倫理と一体となった重層的かつ固定的な身分制度が厳然として存在していることがわかる。

三　天皇による施入指針と思想的背景

聖武天皇の意図

このような律令の法制下に置かれていた官戸奴婢を、聖武天皇は宇佐八幡神参拝に合わせて金光明寺、すなわち東大寺に施入することとした。藤原仲麻呂が諸国に指示した奴婢の買進基準は「年三十以下十五以上で容貌端正なる者」ということであった。主眼は労働力の供給に置かれている。ところが聖武天皇の施入の意図はまったく違うようである。

天皇は八幡神参拝日の天平勝宝元年（七四九）十二月二十七日に勅を下し、施入について一定の指針を示している。そのことは太政官が天平勝宝二年二月二十六日付で治部省と宮内省に下した官符に、天皇の勅を引用していてわかる。*50 またこの勅は天平勝宝二年三月三日付の治部省牒でも引用されている。*51 そこで勅の内容を解明するために、その原文を左記に掲げる。ただし、返り点は筆者が付した。

奉二去年十二月廿七日　勅一偁、上件奴婢等、施二奉金光明寺一。其年至二六十六已上一及癈疾者、准二官奴婢一、依レ令施行。雖レ非二高年一、立性恪勤、駈使無レ違、衆僧矜レ情、欲レ従レ良者、依レ願令レ免。凡寺尓入訖奴婢者、以指毛指犯佐奴毛乃止云、然此奴婢等、依盛尓可還賜波、将還賜牟、何尓毛加久尓毛将二用賜一牟、不レ在二障事一止宣。又外今買充奴婢亦准レ此者。

去ぬる年十二月二十七日の勅をうけたまわるに次のように言われた。「件の奴婢らを金光明寺に施し奉る。其れ年六十六以上に至る者および癈疾者は官奴婢に准(なぞら)えて、令に依り施行せよ。高齢でなくとも、勤勉なる性格で違うことなく仕事をこなす者は、僧侶らが情(こころ)に矜(あわれ)を懐き良民身分にと欲すれば、請願に依り放免せよ。『凡そ寺に施入しおわった奴婢は、指一本指し犯すものではないという。然れどもこの奴婢等は、盛りに依り還し賜うべきは還し賜へ。何(と)にもかくにも用い賜うに障ることはない』と宣(の)る。またこのほか、今買い充てている奴婢も〔もっぱら〕これに准えよ」と。

勅文中、宣命体で書かれた部分は天皇の肉声が聞こえるようで意味深長である。施入の指針は何段にも及んでいる。

㈠六十六歳以上および癈疾者について、官奴婢に准え、令に依り施行せよ、とは、具体的には戸令第三八条に則り良民身分に解放するように、ということである。

㈡六十六歳以上の高齢でなくとも、性格が真面目で勤勉であり、言われた通り間違いなく仕事をこなす者について、僧侶たちが同情し、良民身分にしてやりたいと思えば、その旨を朝廷に請願し、賤民身分を解放せよ、ということで、その主旨は法の定めにとらわれることなく、身分を解放するよう勧めている。

㈢よく寺院に下賜された奴婢は大切にし粗相があってはならないというが、このたび施入する奴婢らについては、もし出過ぎた行為があって返上したいと思うようであれば遠慮なく返上しても構わない。いずれにせよ、寺家が奴婢らを用いたいと思うのであればあれこれ使うことに何ら支障はない、ということで、ここには受入れ側の寺家への配慮が見られる。返上して構わないというのは、諸国進上奴婢のうち、逃亡を重ねた者らを寺家が返還したことを念頭にしたのであろう。寺家に施入奴婢の個々人について、寺家に選択権を認めている。

㈣目下諸国が買い上げて進上している奴婢たちも、これらの奴婢たちと同様の扱いをするようにということで、諸国進上奴婢も隔てなく、施入官戸奴婢と同等の解放への権利を与えるよう命じている。

これらの指針に一貫して感じられるのは、労働力の供給というよりもむしろ施入される奴婢たちへの天皇の配慮である。彼らが金光明寺、つまり東大寺の奴婢として、何とか生き抜き、成長して立派に働き、少なくとも法の定める年齢に達したり、あるいは法の定める身心障害者になってしまったりしたときはむろんのこと、そうでなくとも、寺僧たちが彼らの働きを認め、同情して時の天皇に請願するなど、彼らに賤身分からの解放の機会を与えてやりたいという天皇の意図である。

唐の律令制を継受して以来すでに半世紀以上経っており、儒教を思想的背景とする律令体制は古代の日本社会に定着しつつあった。その点、大宝律令の制定者は、日本の慣習と齟齬(そご)をきたす法令についてはできるだけ日本の実情に合わせようと努力した。ところがそれからあまり年代を経ない段階で養老律令が編纂された。通説では、養老律令はおおむね大宝律令の字句や用語の変更、文章上の矛盾の修正にとどまったと言われている。しかし、たとえば大宝律令では良民であった陵戸が養老律令では賤民身分に格下げしたことなど、中国の儒教的法制思想の深化が認められるのである。

聖武天皇による雑戸の解放

中国伝来の良賤制による重層的固定的身分制度に対して、聖武天皇は疑問を懐いていた節がある。政治のうえでは、天平十六年（七四四）二月十三日に天下の馬飼・雑戸の人らを免すとして出した勅にその発露を認めることができる。*52

「汝らの今負う姓は人の恥づる所なり。所以に原免して平民に同じくす。但し、既に免したる後に汝らの手伎如し子孫に伝へ習はさずは、子孫弥前の姓に降りて卑品に従へむと欲ふ。また官の奴婢六十人を放して良に従へよ」

馬飼とは馬の調教・飼養に従事する者のことであり、雑戸とは諸官司に隷属して特殊な技術を世襲する人々のことである。古代の日本では、律令制導入以前から特定の技能をもって世襲的に朝廷に仕える種々の集団が存在していたが、律令制の形成とともに品部と雑戸として制度化された。これまで触れたように雑戸は唐制に倣ったものである。唐の雑戸が賤民であったのに対し、日本では良民とされ、婚姻についても良民と同じ扱いを受けた。しかし、それはあくまで建前で、品部が一般の公民とほとんど異ならず、その戸籍も一般の公民籍に載せられたのに対して、雑戸はその職種に応じた特殊な姓を付与され、特別な戸籍、雑戸籍に編入された。当然のことながら品部よりも身分は低いと賤視された。聖武天皇が「汝らの今負う姓は人の恥づる所なり」と述べているのはこのことを指す。決して「平民」と同じではなかったのである。このときの勅が同時に官奴婢六〇人の解放を命じているのが注目される。これ以降、雑戸籍は造られなくなった。

聖武天皇の仁恕と法恩

聖武天皇が馬飼や雑戸の解放令を出したのは、前年十月十五日の盧舎那仏造立発願の詔の趣旨とも関連する。天皇は造立詔の前文で述べている。

「薄徳の身で天皇の位に即き、人であれ物であれ、あらゆるものを救おうと、これまで慈しみの心を注いできたが、その点、天下は『仁恕（じんじょ）に霑（うるお）ふと雖も』、『法恩に洽（あまね）くあらず。誠に三宝の威霊に頼りて』『動植ことごとく栄えむ』ことを」

「仁恕」とは儒教の用語で憐み深く、思いやりの厚いことを意味し、天子が仁徳でもって民を治めるという徳治主義を象徴する言葉である。一方、法恩は仏法の恩徳のことである。天皇は詔文において、儒教に基づく政治と仏教に基づく政治との思想上の相違を対比し、これまで儒教的な仁徳を心掛けて民を治めてきたが、仏法にいう恩徳はあまり心掛けず、天下に行き渡ったとは言えないと表明している。

天皇のいう儒教に基づく徳治とはどのような政治なのであろうか。それは聖武天皇が皇太子時代以来学習してきた「経史（けいし）」に基づく政治であった。律令制を継受した古代日本の支配者層は押しなべて中国の経史を学んだ。経史の「経」とは儒教の経典、とりわけ論語・孝経、それに易経などの五経を指す。「史」とは中国古代の歴史書、とりわけ史記・漢書・後漢書の三史を指す。これらは中国が長年にわたって培ってきた統治のための哲学と経験則を結集した古典であり、帝王学の教科書である。

漢代に国教となった儒教は、天子を頂点とし人民を底辺に置く階層秩序の強化を目指し、それは権力者を支える思想となった。中央集権国家が統治のために必要とした律令法も、古代中国で発達したものであり、儒家の思想を色濃く反映している。その思想は現実的で強い実践性を備えたものであったので、為政者にとっては歴史が示す経験則も重要な思想根拠となった。

こうした思想背景を持つ経史を、文武天皇は「博く経史に渉り[*53]」とされ、文武天皇が三十数年ぶりに派遣した遣唐使の執節使（大使）粟田真人は中国の史書に、「好く経史を読み、属文を解す」と評された[*54]。むろん聖武天皇も経史を学び、即位後の政治に生かしてきた。

聖武天皇の仏教への傾倒

政治思想のうえで聖武天皇に変化が起こったのは、どうやら神亀四年（七二七）閏九月の皇子の誕生・立太子・重病、翌神亀五年九月の死去と、歓喜の絶頂から不安と悲哀のどん底へと、わずか一年のあいだに味わった心境の激変が契機になっているようである。天皇は夭折した皇太子の菩提を弔うため、東大寺の前身寺院を建立する一方、『金光明最勝王経』を六四〇巻書写させ、全国に頒布した。それ以来天皇は仏教への関心を深めたのか、六朝時代から唐代にかけての詩文集から一四五篇を選び、みずから書写して天平三年（七三一）九月に完成させた。それは直筆の『雑集』として正倉院に現存する。およそ二万余字に及ぶ長大なもので、内容は全体的に仏教関係のものが多い。天皇がこの年、僧尼令の違反者として政府から弾圧を受けていた僧行基を見直し、優遇措置を取っていることも注目される[*55]。

その翌天平四年（七三二）から毎年、日本は旱魃・飢饉・疫病といった苛酷な天変地異に見舞われた。天皇は苦しみにあえぐ民をいかにして救えばよいか、苦悩しさまざまな書物を開いて政治の指針を模索した。出した結論が天平六年（七三四）の勅願一切経の巻末の願文に表明されている。[*56] それは「経史よりも釈教最上」、つまり経史より釈迦の教えがもっともすぐれているとするもので、天皇は政治の基軸を儒教から仏教に移したのである。それ以降、天皇が次々と打ち出した政治上の重大事の多くには、その根底に仏教思想を見出すことができる。当面の問題の奴婢の解放もその一つであろう。

仏教思想の深化と奴婢の解放

仏教の開祖ゴータマ＝ブッダ、釈迦は次のように言われたと伝えられている。

「生れによって賤しい人となるのではない。生れによってバラモンとなるのではない。行為によって賤しい人ともなり、行為によってバラモンともなる。[*57]」

釈迦生誕のはるか以前から、インド社会ではバラモン・戦士・庶民・賤民の四つの階級からなる四姓（カースト）制度が定着し、不平等な社会的差別が行われていた。釈迦はこれに反対し、人間の価値は身分によって決まるのではなく行為によって決まると主張した。その後釈迦の主張を裏付けるような多くの仏教説話が生まれるが、仏教は一貫して身分を越えた人間の平等性を説いており、釈迦の恩徳は平等に利益（りやく）されると考えられるに至った。

日本でも仏教が受容され、理解が深まると、儒教に裏打ちされた律令法との齟齬が明らかとなり、支配階級のあいだでも、牛馬同様、資産の一部としてみなしていた奴婢を解放しようという気運が生まれていったようである。

こんな逸話が伝わっている。かねて紀氏の高官、故紀男人と故紀国益とは生前、氏族の奴婢の所有権をめぐって長年争い、双方とも訴えてきたが、天平十六年七月六日、刑部省が裁決し、国益の息子清人に権利を与えると、清人は天皇に上表文を奉じて、奴婢をことごとく解放し、良民としたのである。[*58] 一級貴族の奴婢であるから多数にのぼったであろう。清人の行為は聖武天皇による天平十五年十月の盧舎那仏造立詔、翌年二月の馬飼・雑戸の解放に触発されたものと思える。

同様にして天平十七年（七四五）九月二十二日、中納言巨勢奈弖麻呂は久しく同族間で帰属をめぐって訴訟していた奴婢二〇三人について、訴えを取り下げ、彼らを良民とすることを請願し、天皇がこれを許可した。[*59]

四　官奴司解

施入奴婢の選定

さて、天平勝宝元年十二月二十七日の勅で施入についての指針が示されたあと、官奴司では官戸奴婢名籍帳からの候補者の選定にかなり手間取ったようである。天平勝宝二年（七五〇）二月二十二日、聖武太上天皇・孝謙天皇・光明皇太后三人がそろって東大寺に行幸した翌々日の二月二十四日になって、官奴司はようやく選定結果の名簿案を提出した。左記の長大な解がそれである。[*60]

官奴司解　申選定奴婢事

合奴婢二百人　嶋宮奴婢七十九人　官奴婢一百廿一人

口一百人奴　嶋宮奴卅四人　今奴卅一人　廣瀬村常奴三人　内匠寮今奴十三人　春日村常奴三人　奄知村常奴八人　飽浪村常奴八人

口一百人婢　嶋官婢卌九人　今婢卅九人　廣瀬村常婢二人　内匠寮今婢三人　奄知村常婢五人　飽浪村常婢一人　春日村常婢一人

奴長伊万呂 年卌八　　奴縄万呂 年五十六

革万呂 年五十三　　堅魚 年卌八

小足 年六十二 天平十年逃　　乙万呂 年廿六

真敷 年廿五　　大井 年廿六　　虫万呂 年廿

兄万呂 年廿三　二月廿七日天平勝宝二年逃　　酒田 年廿二　　満万呂 年卌七 天平元年逃

廣万呂 年卌九 養老元年逃　　真鯖 年卌四 天平六年逃　　都度閇 年卌四 天平七年逃

正月 年廿六 天平七年逃　　国依 年廿七 天平十二年逃　　粳万呂 年十九 天平四年逃

弟成 年十四　　蓑人 年十二　　廣津 年十六

真成 年十一　　持万呂 年十八 天平勝宝二年逃　　忍上 年十

刀治万呂 年十　　九月 年五　　大成 年六

諸主 年五　　蓑万呂 年九　　諸月 年四

魚主 年四　　真冰魚万呂 年二　　稲益 年二

弦万呂 年三　　已上卅四人嶋宮奴

吉万呂 年卌七　　諸国 年廿四　　文万呂 年廿三

倉人万呂年十　黒万呂年五十三　知木工
真弟万呂年卌九　真依年十六　国依年六
乎己智年十四　与等万呂年十　黒万呂年廿一
良人万呂年八　若万呂年十八　田次万呂年十九
伊加万呂年九　侍万呂年六　十二月万呂年八
六月万呂年四　秋山年廿五　小継年廿三
坊万呂年五　志我万呂年七　意保志年五
廣成年十　子即万呂年六　田次万呂年四
継嶋年十一　弟嶋年四　石立年十
真立年六　笠万呂年十一　已上卅一人今奴
国万呂年五十一　友足年廿　子毛人年廿三
魚足年十四　浄足年七　宇波刀年五十二
犬万呂年五十七　治万呂年廿三　川内年五十四
縄万呂年廿二　石井年十　益月年十三
浄嶋年五　已上十三人内匠寮今奴
忍人年廿　高人年十二　五月万呂年二
已上三人廣瀬村常奴
天磨年卅一　国益年廿四　石山年十三

東人年廿五　真虫年十九　野守年十二
野君年七　野長年五　已上八人奄智村常奴
黒万呂年卌七　栗栖年十七　僧万呂年五十一
　已上三人春日村常奴
伊波比等年十三　小菅万呂年九　廣成年十五
常万呂年十二　廣人年廿二　廣前年十
蓑虫年廿　逆年四　已上八人飽浪村常奴
婢美氣女年六十六　廣椅女年卅五　小楓女年六十
千廣女年十八　廣山女年卅七　真山女年十二
蓑女年十七　弟蓑女年九　摩伎女年七
麻加伎留女年五　真庭女年廿九　秋女年四
飽女年卅九　松實女年七　子松女年五
大名女年卅六　大蓑女年六　伊刀女年八
伊具比女年廿五　針間女年五十二　枚女年廿一
真枝女年十七　三島女年六十和銅六年逃　黒女年卌五
乙女年廿六　小積女年卅六　絹女年十
練絁女年八　粳虫女年六　濱刀自女年五
弟妹女年六十三　廣庭女年卅二　雪女年十三

綿女年卅九天平十一年逃
小倉女年卅七天平勝宝二年逃
木葉女年卅七
小桑女年卅五
三冨女年五十一天平勝宝二年逃
稲倉女年卌五
息名女年卌四
飯津女年五十一
麻得女年十三
益女年卌五
宇志呂女年廿
泉女年廿四勅名伊豆女
家次女年四
弟虫女年十
稲積女年卌三
真宅女年卌三
廣刀自女年三
敷浪女年十九

国刀自女年九
秋女年六
阿治女年卅一天平十年逃
真魚女年十
持女年五十七
右卌九人嶋宮婢
志豆女年五十七
夜登女年廿八
麻祁佐女年六
真国女年五
猪中女年十二
東女年廿一
牛手女年五十
毛知女年卌六
見出女年十八
真魚女年三
稲女年卅六
新刀自女年廿三

浄刀自女年八
倉人女年卅一
方見女年五十三
真玉女年廿二
笋女年廿八
妹女年卌七
得度女年卌二
奈刀自女年一
日女足女年七
与等女年七已上二人宇志呂弟女
刀良女年卌一
秋嶋女年廿
田次女年廿二
廣嶋女年八
友足女年卌三
古女年六
御衣女年十九

三雪女年十二　鹿里女年五十七　真刀自女年廿八勅名今刀自女

目女年廿七　已上卌九人今婢　小月女年十一　具足女年七已上三人内匠寮今婢

名草女年卌六　千成女年七　刀自女年六十一

已上二人廣瀬村常婢

倭女年五十三　宿奈女年卌七　狭野女年卅三

廣野女年十八已上五人奄知村常婢　月足女年廿二已上一人春日村常婢　十月女年二已上一人飽浪村常婢

以前、選定奴婢歴名如件、以解、

天平勝寶二年二月廿四日従七位上行令史勝子僧

佑従七位上凡河内伊美吉臣足

（追筆）「省印一百十四所」

「官奴司解し申す選定奴婢の事」と事書きのもと、奴婢の選定を伝える公文書の案で、原文書では省印、つまり所管の宮内省印が一一四顆、捺されていた。例年の官戸奴婢名籍帳の場合と同様、まず太政官へ提出し、むろん控えも取ったはずである。冒頭に選定した奴婢二〇〇人の内訳を掲げる。まず全員は嶋宮（しまのみや）の奴婢七九人（計算の誤りで実際は八三人）と官奴婢一二一人（実際は一一七人）からなるとする。ここで疑問なのは嶋宮奴婢と官奴婢という分け方である。嶋宮奴婢は官奴婢でないのか。いずれも官奴婢ならばなぜ両者を分けねばならなかったのか。嶋宮奴婢は他の官奴婢と同等の身分なのか、それとも一ランク上位に位置付けられているのか。そうだとすれば嶋宮奴婢は官戸に当たるのか、疑問が湧くが、これだけでは即断できない。

次いで内訳第二段は奴一〇〇人について、嶋宮奴が三四人、広瀬村常奴が三人、春日村常奴が三人、今奴三一人、内匠寮今奴が一三人、奄知村常奴が八人、飽浪村常奴が八人。一方婢一〇〇人は嶋官婢四九人、広瀬村常婢二人、奄知村常婢五人、春日村常婢一人、今婢三九人、内匠寮今婢三人、飽浪村常婢一人であるとする。以上のような員数についての内訳説明のあと、奴長伊万呂以下の歴名が続く。末尾は「歴名如件」の文言のあと、結文は「以解」と書かれている。公式令では太政官への上申書は「謹解」のはずである。日下の令史勝(すぐり)子僧は官奴司の起案者で加署があり、上司の凡河内臣足(おおしこうちのおみたり)が連署した。

施入奴婢の年齢構成

官奴司が選定した奴婢の歴名を逐次当たってみると、原則個々人の年齢が付記されているが、これは後述するように、急ぎ名簿を作成する必要があったため、天平勝宝二年次ではなく天平勝宝元年次のものである。なお諸国進上奴婢の場合のような身体的特徴は記載されていない。ただ「〇〇年逃」のように、注記されている者がいる。嶋宮の奴で一〇人、同じく婢で五人、計一五人も存在し、しかも嶋宮奴婢に限られる。二〇〇人の施入といっても、実質一八五人に過ぎない。「逃」とはむろん逃亡のことで、官奴司が保有する奴婢名籍帳ですでに逃亡が注記されていた人物である。たとえば奴の広万呂は養老元年（七一七）に逃亡し、今四十九歳だというから、十七歳のときに逃亡し、三二年間行方不明だということになる。婢では三島女が和銅六年（七一三）逃亡し、今は六十歳なので、二十四歳のときに逃亡し、三六年間も行

別表　奴婢計200人の年齢構成

年齢	奴（人）	婢（人）
1〜10歳	37	30
11〜20歳	26	16
21〜30歳	18	14
31〜40歳	1	13
41〜50歳	10	14
51〜60歳	7	10
61〜70歳	1	3
合　計	100	100

方不明なのである。

これらの逃亡者は施入といっても実体がなくあくまで名目上に過ぎない。そのような逃亡奴婢を施入されて東大寺にどのような利得があるのか。しかも逃亡者の年齢層からすれば、いわゆる働き手に当たる。名目だけの働き手では、むろん労働力の供給になりえない。

そのうえ、意外にも二歳や三歳の幼児が多数混ざっており、年齢構成が気になるところである。そこで統計を取ってみると別表のようになる。

なんと年齢構成では奴婢とも十歳未満の子供がもっとも多く、一歳から二十歳までの幼児を含む未成年者が、男子では六三パーセント、女子では四六パーセントを占めているのである。幼児の母親は誰かわからない。父親となるとなおさらである。唯一血縁がわかるのは、今婢の「宇志呂女年二十」「猪中女年十二」「与等女年七」の三姉妹のみである。これらの幼少児はこれまでの所属組織体では手に余り、東大寺という新しい宗教共同体で養育されることが期待されたのであろうか。聖武天皇による奴婢の施入が労働力の即戦力を目指したのでなければ、子供を育て、子供が寺内で生きていくため手に職を付けさせる、つまり寺家が必要とする技術なり技芸なりを幼少時から学ばせるという、将来を見据えた計画だったとも読み取れる。官奴司の選定目的を確かめてみよう。

五　施入奴婢の旧所属

所属の種類

選定された奴婢は、嶋宮と、官奴婢に一括された広瀬村・春日村・奄知（えんち）村・飽浪（あくなみ）村の四ヵ村と今奴婢および内匠寮（うちのたくみのつかさ）今奴婢の計七つに分類される。これらの仕分けは出身所属を示し、おそらく官奴司が管理する名籍帳でもそのような分類が行われていたのであろう。官有奴婢の所属はむろんこれらに限ったものではないと思われる。奴婢の歴名は追って出身所属ごとに列記されるが、これらの所属名の由来について、これまでの研究を参考にいちおう説明しておこう。

嶋宮の奴婢

まず嶋宮は、奈良県高市郡明日香村島ノ庄にあった離宮のことである。由来は蘇我馬子の邸宅に遡る。飛鳥川の傍らにあって馬子が池を開いて小嶋を造ったことから、馬子は嶋大臣と呼ばれた。この蘇我氏の嶋の宅に隣接して中大兄皇子が宮殿を建てた。皇極四年（六四五）に蘇我本宗家が滅ぶと、嶋の宅は天皇家に没収され、嶋の池の宮殿と合されて嶋宮となった。壬申の乱の勃発直前、大海人皇子、のちの天武天皇は大津から吉野に逃れる途中、嶋宮に立ち寄っている。その後嶋宮は皇太子草壁皇子の宮殿となった。『日本書紀』によると、皇子が嶋宮で亡くなった翌年（六九〇）、持統天皇は嶋宮の稲を京と畿内の年八十以上の者に、一人当て二〇束ずつ賑給し、有位の者には布二端を付け加えたという。*61 また正倉院文書は天平六年五月、興福寺西金堂造営事業の一環として、嶋宮から大量の藁が送られたことを伝える。*62 建築資材の一部として使用するためである。これらは嶋宮に付属してかなりの規模の田地が存在したことを予想させる。したがって嶋宮奴婢は由緒ある宮殿に代々駈使され、付属田地で農作業に従事したに違いない。

官奴司の職掌には官戸奴婢の名籍のほかに、もう一つの重要な仕事、口分田の事があった。田令第二七条によれば、官戸奴婢、つまり官戸・官奴婢の口分田は良人と同じだとされている。また官に属するので不輸租（ふゆそ）だとされる。したがって官奴司は官有賤民名義の口分田も管理することになる。この法令による限り、嶋宮の奴婢に班給された口分田は相当な面積に上ったはずである。ただ律令制に基づく班田収授法が施行されて数十年も経つと、人口増によって公民に班給すべき口分田が不足するという事態が生じた。その結果、養老七年（七二三）四月には開墾推進のために三世一身法が施行され、同年十一月には奴婢の口分田の受給年齢が満六歳から満十二歳以上に引き上げられた。[*63]したがって良民と同等の口分田を受給した官戸奴婢でも、年齢制限は適用されたであろう。その後、奴婢に対する口分田の班給は厳しくなりやがて廃止されるが、いずれにしても嶋宮奴婢が農作業に従事した可能性は高いと思われる。

しかしながら、おおむね研究者は嶋宮奴婢が諸国から食料米を進上されていることを理由に、「農業奴隷」ではなかったとしている。そこで根拠となっている正倉院文書に当たると、言及しているのは一点のみで、他の五点は官奴婢についてであり、しかも嶋宮を含め、四点が天平九年（七三七）に集中している。[*64]この年は天平七年に引き続き、天然痘ウイルスの第二波が全国に猛威を振るった年で、数え切れないほどの死者が出たり、故郷を離れてさまよう者が出たりした。官人の感染者や死没者も多く、中央官司の機能は麻痺、右大臣藤原武智麻呂（むちまろ）をはじめ、政権中枢が次々と斃（たお）れた。聖武天皇はたびたび恩勅を下して民への賑給を行った。

こうした状況下では、通常、諸国から徴発されて中央官司の雑務に使役されるはずだった駈使丁(くしちょう)が集まらず、代わりに官奴婢が充てられたのであろう。それで彼らの食料を確保するために、民部省を通じて嶋宮奴婢や官奴婢への進上が行われたと考えられる。つまり嶋宮奴婢らへの食料進上はあくまで臨時的措置に過ぎず、このことを理由に、彼らが農業に従事しなかったとするのは疑問である。

研究者が農業奴隷説を否定するのは、官戸奴婢がもっぱら家内労働に従事したことを主張するためである。奴婢が仮に自分名義に割り当てられた口分田を耕作することがなぜ農業奴隷となるのか疑問だが、水田耕作には必ず農繁期と農閑期があり、農閑期に宮殿に上番して天皇家の雑役に従事するという働き方はあるのではないか。それが強制労働に当たるのか、あるいは公民の農業労働と変わりないものか、考察を要するにしても、むしろ問われるべきは、嶋宮奴婢や官奴婢が良民でないという身分上の差別感をどのように認識していたかであろう。

春日村

次に、春日村は平城京遷都以前から離宮が営まれていたことに由来する。大和国添上(そえのかみ)郡春日郷を含め、春日山とその南に連なる高円(たかまど)山の西麓一帯は春日野とも高円野とも呼ばれ、貴紳の遊行の地であった。天平十一年（七三九）、聖武天皇はここに遊猟し、そのおりの「高円の宮」は春日離宮の後身とされる。春日村常奴婢は春日郷内に住み、この離宮や平城京に上番したと考えられる。なおこの地域一帯は天平勝宝八歳（七五六）十二月十二日に「本願聖霊」、すなわち聖武天皇により東大寺に勅施入され、東大寺領春日庄となった。

飽浪村

飽浪村は聖徳太子時代から営まれていた飽浪宮に由来し、現在の奈良県生駒郡安堵町東安堵に当たると推定される。天平十九年（七四七）作成の「大安寺伽藍縁起并流記資財帳」は、聖徳太子が飽浪葦墻宮に病臥（びょうが）していたと伝える。称徳天皇は神護景雲元年（七六七）、飽浪宮に行幸し、法隆寺の奴婢二七人に爵を下賜し、また同三年に由義宮（ゆぎのみや）に行幸する途中、飽浪宮に立ち寄ったとされている。したがって聖武天皇時代にも、飛鳥時代に引き続き離宮が営まれていたのであろう。飽浪村常奴婢は春日村と同様の立場にあったと考えられる。

奄知村

奄知村は奈良県山辺郡二階堂村庵治、現在の天理市庵治町に比定される。長屋王の弟、鈴鹿王の子に奄知王がいるが、天皇家との関係ははっきりしない。地理的には平城京と飛鳥古京との中間に位置し、古代にあっては交通上の要衝に当たる。奄知村常奴婢は奄知村に居住し、朝廷の何らかの雑役に上番したのではないか。

広瀬村

広瀬村は現在の奈良県北葛城郡広陵町広瀬に比定され、やや北方には、同郡河合町川合に広瀬神社が鎮座している。この地は奈良盆地を潤す佐保・初瀬・飛鳥等の諸川が合流し、大和川となる地点である。一帯は古来天皇家とのゆかりが深く、とりわけ天武天皇が竜田の風神とともに広瀬の河神を祀り、行宮（あんぐう）を造らせた。その後については確たる証拠はないが、八世紀まで、なんらかの形で宮廷につながる施設が存続したのであろう。

以上、春日・飽浪・奄知・広瀬がいずれも「村」を冠しているのは、口分田を中心とした農作業を連想させる。古くからの常奴婢は時に応じ、官奴司の指図で宮中の雑役に上番したのであろう。

今奴婢

官奴婢分類上の「今奴婢」については、「黒万呂年五十二」が唯一「知木工」と注記されている。官奴司は名籍帳を作成するさい、できるだけ官戸奴婢の工能を注記するよう指示されていた。黒万呂はその一例と思われるが、文献上この官奴司解以外に今奴婢に触れているのは正倉院文書の一点のみで、しかも年代も内容も同定の困難な文書である。[*65] 石上英一氏は、これが大蔵省関係の倉庫の出充帳で、年代は養老四年（七二〇）から神亀五年（七二八）にかけて作成され、「今奴」が天皇近く、内裏に使役されたと推定している。官奴司解の今奴婢はこれまでおそらく本人の技能も考慮されながら、さまざまな中央官司に上番して使役されていたのであろう。

官司のなかでもとくに内匠寮（うちのたくみのつかさ）専属の今奴婢が選定され、東大寺に施入されたことは注目に値する。内匠寮は神亀五年七月の聖武天皇の勅により、中務省（なかつかさ）の被官官司として新設された。[*66] その設置目的は従来、品部や雑戸に頼っていた手工業品の生産体制を一新し、専門的な匠手（たくみ）を擁して、生産の効率化を図るためであった。幹部の四等官の構成は木工寮にほぼ準じるが、『続日本紀』のいう「雑色（ぞうしき）の匠手」の職種別人員構成については、天平十七年（七四五）八月の大粮（たいろう）申請文書に詳しい。

大粮申請文書に見える職種別人員構成

「大粮」というのは、各官司が抱える下級官人や労役のため徴発された仕丁らに支給される米・塩などの食料のことで、各官司では毎月翌月分を民部省に請求した。内匠寮が所管の中務省に提出した解によると、[*67]合わせて米は八〇斛七斗六升五合、塩は七斗九升四合六夕、綿は五八屯(とん)で、受給該当者は史生八人、左大舎人一人、右大舎人五人、番上匠手一七人、金銀銅鉄手一八人、木石土瓦歯角匠手一〇人、織錦綾羅手一二人、織柳箱手二人、国工六人、造菩薩司匠三〇人、立丁(りっちょう)二人、駈使丁二六人、宮人三人、廝丁(しちょう)二九人で、計一六九人。

さらに注記があって、史生から駈使丁まで計一三七人のうちには、一日当り米二升支給される者と一升五合支給される者とがおり、塩については差はなく、廝丁二九人は月別に綿二屯が支給される、とある。つまり廝丁には建前として米の支給はない。立丁から廝丁までは賦役令により地方の正丁が徴発されて、この場合は内匠寮の労役に従事する者であるが、宮人は後宮職員令に規定された女官で、とくに無位の女官を指す場合がある。問題の雑色の匠手に当たるのは、番上匠手から造菩薩司匠までの九五人で、番上匠手というのは交替で勤務する親方クラスの匠手であろう。造菩薩司は内匠寮の下部組織らしく、仏像制作に当たる匠、いわゆる仏師が三〇人も存在したことは注目に値する。

これら雑色の匠手を含め、史生から廝丁まで計一六九人はいずれも良民だとすれば、内匠寮専属の今奴婢の食料は別途に考えなければならない。雑令第三三条は「凡そ官戸奴婢役に充てば、本司明らかに功課を立てて案記せよ。虚しく公粮費すこと得じ」と規定し、案記をたてて公粮を無駄遣いしないよう求めている。つまり官奴婢を使役する場合の食料支給については法令の存在が前提になっており、おそらく倉庫令に規定されていたであろう。これらを勘案すれば、内匠寮専属の今奴婢はおそらく雑色の匠手の補助的作業に従事していたものと思われる。

以上をまとめると、嶋宮奴婢や○○村常奴婢は飛鳥古京以来の天皇家ゆかりの奴婢であり、今奴婢や内匠寮今奴婢は平城京遷都後、なんらかの理由で官奴婢となった者たちを指すと見てよいであろう。

六　選定後の手続き

名簿案を太政官へ提出

先の官奴司が選定した施入奴婢の名簿案を受け取った太政官は、直ちにこれを一読、計算上の誤りを訂正のうえ、前述の十二月二十七日の聖武天皇の勅を引用した官符を、二日後の天平勝宝二年二月二十六日付で下した。左記はその文書の案であるが、天皇の施入指針を語る勅部分は前に言及したので省略した。*68

太政官符治部宮内省
　施奉大倭金光明寺奴婢弐佰人（奴一百人 婢一百人）
　　官奴婢一百十七人（奴六十六人 婢五十一人）
　　嶋宮奴婢八十三人（奴卅四人 婢卌九人）
　歴名如前
以前、奉去年十二月廿七日　勅偁、上件奴婢等、…（中略）…省宜承知、依　勅施行、今以状下、符

到奉行、

天平勝寳二年二月廿六日

もとの文書は太政官印が九顆、捺された公文書で、宛所は治部省と宮内省である。太政官ではむろん名簿を添付のうえ、治部省と宮内省に対し、聖武天皇の勅を体して、官符が到着次第、諸手続きに入るようにと命じている。なお宮内省へは名簿を天皇の御覧に供することも含まれよう。この太政官符でも奴婢は官奴婢と嶋宮奴婢とに大別されていることに留意する必要がある。

太政官から治部省へ

太政官から命令を受けた治部省とは、被官の玄蕃寮（げんばりょう）を通じて仏教寺院を監督する立場の中央官司である。治部省は早速施入の旨を大倭国金光明寺、つまり東大寺に伝える手続きに入った。治部省は二月二十九日、玄蕃寮少属間人（はしひと）宿祢鹿島（かしま）を使者に立て、省印を捺した印書を東大寺にもたらしている。[*69] 次に紹介する天平勝宝二年三月三日付大倭国金光明寺宛の長大な治部省牒は施入奴婢の名簿である。残念ながら冒頭部分は欠損している。一見すると、歴名部分は官奴司解を転載したように見えるので省略する。[*70]

〔治部省牒大倭国金光明寺〕

……（欠損部分）……

奴縄万呂 年五十二　革万呂 年五十三　伊万呂 年卌八

…（以下歴名省略）…

以前、被太政官二月廿六日符偁、奉去年十二月廿七日　勅偁、上件奴婢等、奉施金光明寺、其年至六十六已上及癈疾者、准官奴婢、依令施行、雖非高年、立性恪勤、駈使無違、衆僧矜情、欲従良者、依願令免者、凡寺尓入訖奴婢者、以指毛指犯佐奴毛乃止云、然此奴婢等、依盛尓可還賜波将還賜牟、何尓毛加久尓毛将用賜牟、不在障事止宣、又以外今買充奴婢、亦一准此者、省宜承知、依　勅施行者、寺宜承知、今録事状、故牒、

天平勝寶二年三月三日従六位下行大録飛驒國造石勝

参議従四位上守卿兼紫微中臺大弼勲十二等石川朝臣年足　正六位上大丞紀朝臣

従五位下守大輔甘南備真人　正六位下行少丞阿部朝臣乙加志

少輔従五位下百濟王元忠　少丞従六位上高向朝臣

正七位上行少録馬史吉成

正七位下行少録土師宿祢山万里

従七位下行少録葛井連

（異筆）
「官印六十六町」

治部省印が六六顆、捺されていた公文書の案文である。これによって治部省は東大寺に対して施入奴婢の歴名を通告したわけであるが、ただ官奴司解のそれとはやや趣が違った。奴婢の分類は嶋宮奴婢と官奴

婢の二分類のみとし、〇〇村常奴とか、今婢とかのかつての所属区分は知らせなかった。また注記は年齢のみに止め、逃亡者を含むことも知らせなかった。ただし例外があって、官婢のうち「泉女年廿四」に「勅名伊豆女」、「眞刀自女年廿八」に「勅名今刀自女」の注記がある。官奴司解の注記を踏襲した。

歴名中の仕分けも含めて、嶋宮の奴が三四人、婢が四九人の計八三人、官奴六六人、官婢が五一人、計一一七人で、奴婢合わせて二〇〇人が施入されると通告したのである。あくまで当初の「奴百人婢百人を施す」という建前を重んじた形になっている。

聖武天皇の勅の引用

奴婢の歴名のあとの文言は重要である。治部省は太政官が伝えてきた聖武天皇の勅を引用し、太政官よりの要請があったので、天皇の施入意図に添って奴婢たちを処遇するよう寺側に求めている。結文は「故牒」。参議で治部卿の石川年足(としたり)以下、治部省の幹部が連署している。

おそらく東大寺がこの治部省牒を受け取ると、それほど日を置かずに、逃亡者を除く一八五人もの奴婢本人たちも官奴司の下級官人に引率されてやって来たに違いない。天皇からの施入ともなれば遺漏があってはならない。当時の感覚で言えば、奴婢はおおよそ頴稲で一〇〇〇束、銭で一〇貫以上もする大変高価な財産である。東大寺の寺務方の三綱の僧侶たちも、名簿と本人と照合し、受入れ作業に慎重を期したはずである。ところが治部省から渡された名簿は名前と年齢のみで、行方不明者もかなりいるらしい。幼児がいるのに親子関係がわからない。幼い子供の面倒はいったい誰がみるのか。問題山積となったはずである。

七　寺奴婢共同体の創設

奴婢の再編成

東大寺にとって名簿を役所から送り付けられただけでは、二〇〇人もの奴婢をどのように処遇すればよいのか、難渋することは目に見えていた。太政官ではそのことを見越して、官奴司解の名簿を宮内省に送った同日の二月二十六日付で、別途左記のような官符を宮内省に下した。*71　同様の官符は治部省にも下している。

太政官符　宮内省
　嶋宮奴伊麻呂年卌八
　右、被太納言従二位藤原朝臣仲麻呂今月廿六日宣偁、奉　勅、件伊麻呂
　免奴従良、便即令爲五十戸政者、省宜承知、依　勅施行、今以状下、符到奉行、
　従五位上守右中辨兼侍従勲十二等安倍朝臣「嶋麻呂」正七位下守右少史百済君「水通」
　　天平勝寳二年二月廿六日

太政官印が六顆、捺された公文書である。当時太政官でもっとも勢威のあった大納言藤原仲麻呂が、聖武天皇の勅を承けた形で指示し、官奴司解の名簿の筆頭に挙げられていた嶋宮奴婢の奴長伊万呂年四十八歳（ここでは伊麻呂）について、奴を免（ゆる）して良民とし、五〇戸の「政」、つまり監督者に任じるよう宮内省

に命じた。宮内省では早速官奴司を通じて伊万呂に通知したはずである。

太政官は奴婢二〇〇人を東大寺へ送り込むに当たり、これまで別個の集団に所属していた奴婢全員を「五十戸」に編成させ、その監督者の役目を伊麻呂に持たせようとしたのである。五〇戸といえば地方行政の最小単位である「里」に当たる。「五十戸」は「さと」と読むことがあるように、厳密な意味での戸数五〇戸でないかもしれないが、いわば伊麻呂は東大寺施入奴婢共同体の里長に任じられたわけで、その職掌も準用されるはずである。戸令第一条は、「凡そ戸は、五十戸を以て里と為よ。里毎に長一人置け。掌らむこと、戸口を検校し、農桑を課せ殖ゑしめむこと、非違を禁め察む。賦役を催し駈はむこと。云々」と定めている。課殖農桑・催駈賦役はともかく、第一の検校戸口と第三の禁察非違の権限は直ちに伊麻呂に付与されたであろう。奴婢の取締りや逃亡は伊麻呂の責任となった。

元奴長佐伯伊麻呂の誕生

太政官から同様趣旨の官符を受け取った治部省では、施入奴婢の名簿を送った同じ三月三日付で伊麻呂に関する左記の牒を東大寺に送った。[*72]

治部省牒大倭国金光明寺
　寺奴伊麻呂年卌八　元嶋宮奴
右、被太政官去二月廿六日符偁、大納言従二位藤原朝臣仲万呂同日宣偁、
奉　勅、件伊麻呂免奴従良、即便令為五十戸政者、省宜承知、依　勅施行者、

寺宜承知、今録事状、故牒、
天平勝寳二年三月三日従六位下行大録飛騨国造石勝
参議従四位上守卿兼紫微中臺大弼勲十二等石川朝臣年足正六位上行大丞紀朝臣
従五位下守大輔甘南備真人　正六位下行少丞阿倍朝臣乙加志
少輔従五位下百濟王元忠　少丞従六位上高向朝臣
正七位上行少録馬史吉成
正七位下行少録土師宿祢
従七位下行少録葛井連

（異筆）
「官印九町」

もとの文書は治部省印が九顆、捺された公文書である。元嶋宮の奴伊麻呂が太政官の命により、解放されて良民となり、奴婢「五十戸」の長に任命されたと東大寺に通告している。その主旨はすでに太政官から宮内省に下された官符のところで触れた。これにより奴伊麻呂は改めて三月三日の太政官符により佐伯の姓を賜った。*73 東大寺帰属奴婢の解放第一号である。こうして東大寺の寺域内に「五十戸」からなるいわば寺奴婢の村が誕生することになった。

今や良民となった奴長佐伯伊麻呂には、施入奴婢を五十戸（さと）に編成するに当たって、通常の里長（りちょう）ではありえない使命があった。それは一歳から二十歳まで、男女合わせて一〇九名という人口の半ばを超える未成年の幼少児をどのように扱うかである。しかも国家から示された嶋宮出身奴婢と官奴婢という二分制を遵守しなければならない。血縁上の母子の確定、子供の養育を可能にする家族形成、幼児の共同保育制度といった基礎的な家庭環境が整えられなければ、寺奴婢村の安定は望めない。ましてや寺家や造東大寺司が要望する雑役労働にも応えられない。

施入奴婢の交替

そうしたなかで伊麻呂はそれなりの五十戸編成方針を奴婢全員に示したであろう。擬制の家族関係も生まれ、ほぼ落ち着きはじめたころ、東大寺は治部省から次のような牒を受け取った。[*74] 天平勝宝二年五月十一日付である。

治部省牒　東大寺三綱
　奴小勝年卅四　豊麻呂年廿二　婢久須利女年廿二
　　右美濃国交易進上者
以前、被太政官今月十日符偁、被太納言従二位藤原朝臣仲麻呂宣偁、奉勅、充東大寺官奴婢之間、奴酒田虫麻呂婢鮑女等三人相替、随本令住小治田禅院者、便以美濃國交易進上奴婢等、代充已訖者、寺宜承知、准状施行、故牒、
　　天平勝寳二年五月十一日従六位下行大録飛騨國造石勝

正六位上行少丞阿倍朝臣乙加志

（異筆）
「以天平勝寶二年二月廿九日、省印書来於東寺、使玄蕃寮少属間人宿祢鹿島」

原文書は治部省印が八顆、捺された公文書で、東大寺三綱宛の通告書である。第一章の諸国買賤進上政策のところで取り上げた美濃国の交易進上奴婢六人のうち、奴の小勝と豊麻呂、婢の（乎）久須利女の三人について、五月十日付太政官符による命令があった。すなわち大納言藤原仲麻呂が勅を承る形で、東大寺に充当した官奴婢のうち、奴の酒田と虫麻呂、婢の鮑女ら三人を相替えて元のように小治田禅院に住まわせ、代わりに美濃国進上の奴婢ら三人を施入奴婢の代替とせよと。よって東大寺はこのことを承知し、すでに交付した書状にしたがって施行されたい。故牒。

前述の聖武天皇による施入指針のうち、㈢の宣命体で書かれた条件は、寺側の要望による奴婢の返上を認めるものであったが、どうやら天皇家の方で不都合が生じたらしい。官奴司解の名簿では、酒田二十二歳・虫麻呂二十歳・鮑女三十九歳はいずれも嶋宮の奴婢であった。飛鳥古京には嶋宮を中心に、天皇家ゆかりの施設が点在し、小治田禅院もその一つで、選定される以前、酒田らはそこに住んでいたようである。しかし施入奴婢からこの三人を引き上げるとなると、欠員が生じる。そこで太政官は、美濃国から天平勝宝二年四月二十二日付国司解で進上された六人の奴婢のうら、三人を適任者と選び、施入奴婢の補充とし、身分上の扱いも施入奴婢と同等としたのである。

ところがこの年の暮近く、東大寺はまたもや小治田禅院に係わる治部省牒を天平勝宝二年十二月二十八日付で受け取った。[75]

治部省牒東大寺

婢稲主女年廿 右頬黒子 下総国香取郡神戸大槻郷戸主中臣部真敷之婢

右、被大政官今月廿七日符偁、被大納言従二位藤原朝臣仲麻呂宣偁、奉 勅、先所納東大寺官奴大成、相替件稲主女、入小治田禅院者、省宜承知、依 勅相替入之者、寺宜承知、故牒、

天平勝寶二年十二月廿八日従六位下大録飛騨国造石勝

正六位上行少丞阿倍朝臣乙加志

使知興法寺事玄蕃少属間人宿祢鹿嶋

原文書は治部省印が一一顆、捺された公文書である。前掲五月の治部省牒同様、下総国進上の婢稲主女の件で、治部省に下った太政官符を東大寺に伝達したものである。それによると、藤原仲麻呂が勅を承る形で、東大寺に施入された官奴大成を、稲主女と相替して小治田禅院に入れよ、治部省はその旨を承知するように、また相替は勅命に依る、とあった。寺としても以上の旨よろしく承知されたい。治部省の結文は故牒。

治部省官人のほか、連絡のための使者に当たる玄蕃寮の官人も連署している。官奴大成は官奴司解の名簿によると、嶋宮の奴でまだ六歳の幼児である。小治田禅院の労働事情が理由ではない。おそらく嶋宮婢

の鮑女の男子で、母子が引き離されるのは不憫だとの天皇の思いから出た指示だったのであろう。ちなみに鮑女は天平勝宝七歳（七五五）十月二十五日の恩勅によって良民に解放され、姓を阿刀と名乗り、平城京左京三条一坊の戸主大初位下阿刀宿祢田主戸口に入籍、しかも従八位上に叙任されている。時に四十五歳。[*76]天皇家との深いつながりを予想させる。

代替婢の逃亡

問題は代替の婢稲主女である。下総国から進上されたことを受けて、治部省牒はこのときの年齢を二十歳としている。施入奴婢扱いとなって東大寺に住み込むと思われていたが、その後逃亡したらしい。第一章で取り上げた下総国司の逃亡官賤の貢上に関する解によると、稲主女は天平勝宝元年九月二十日付民部省符によって買い取られ、運調使史生土師稲守によって貢上された。ところが東大寺から法華寺に廻され、法華寺から逃亡して下総国に帰っていたのを捉えられ、ふたたび東大寺に送られていた。解の日付は天平勝宝三年五月二十一日、稲主女の年齢は二十一歳と記載されていた。簡単に事が運ばない一例である。

八　奴婢の処遇

美気女と小楓女の処遇

さて、明けて天平勝宝三年（七五二）、東大寺は治部省より二月八日付で、寺奴婢の身分に係わる左記の牒を受け取った。[*77]

治部省牒　東大寺

東大寺婢二人

婢美氣賣年六十七　婢小楓賣年六十一 癈疾

右、被太政官今月六日符稱、得省解稱、玄蕃寮状云、僧綱牒云、專寺三綱状云、被官去十二月廿七日符稱、奉　勅、上件婢等、其年至六十六已上及癈疾者、准官奴婢例者、謹請處分、官判依請者、宜承知、准状施行者、寺宜承知、今以故牒、

天平勝寳三年二月八日従六位下行大録飛驒国造石勝

従五位上行少輔百濟王元忠

（異筆）「印十一町」

原文書は治部省印が一一顆、捺された公文書である。今や東大寺の婢となった美気女と小楓女の処遇について、太政官の決定を治部省が東大寺に伝えたものである。かねて東大寺三綱は聖武天皇による天平勝宝元年十二月二十七日の勅にあった「其年至六十六已上及癈疾者、准官奴婢例」の文言を考察し、二人の寺婢がこれに該当すると判断した。治部省から渡された名簿によれば、美気女は年六十六、小楓女は年六十、一年経過で年齢はそれぞれ繰り上がるが、加えて小楓女は癈疾である。しかも二人はいずれも嶋宮婢

であり、他の官婢とは異なる。したがって官戸奴婢の解放を規定した戸令第三八条によって良民となることができるのではないか、と。そこで処分を願い出るわけであるが、手続きは簡単ではない。上下縦割り関係で固められた官僚機構の手順を踏まねばならない。まず寺院の法務を統括する僧綱に上申し、僧綱は監督官司である玄蕃寮に牒を送り、所管の治部省は玄蕃寮の状を承けて、解を太政官に上申した。太政官の判断は寺家の請願を認めるものであった。太政官は二月六日付で官符を治部省に下した。三綱の申請から太政官の決定を経て、許諾が得られるまで何日を要したかはわからない。

所属奴婢解放の手続き

この一連の手続きで重要なのは、「年至六十六已上及癈疾者」の適用資格である。前項の「唐令との比較」のところで触れたように、戸令第三八条は官奴婢の場合、年六十六以上または癈疾者は官戸となり、年七十六になると解放されて良民となると定めていて、決して年六十六以上になれば解放されるとは言っていない。問題は官奴婢とは別個の存在と区分けされていた嶋宮奴婢が官戸に相当するか否かにあった。しかし、このたびの太政官符によって官戸であることが確定したのである。

そのうえこの解放手続きから、天皇からの施入とはいえ、施入奴婢に関する権利が全面的に東大寺に移譲されたわけではないことも確認できる。所有権はむろんのこと、通常、賤主が持っている解放権も東大寺には帰属していない。認められているのは使用権のみである。官戸奴婢の解放に準じた奴婢例が生じても、法令上自動的に解放されるのではなく、あくまで東大寺からの申請があり、太政官の認可があって初めて解放されるのである。

逃亡奴婢の探索

こうして二人の婢が抜け出たあとも、寺奴婢共同体の責任者となった佐伯伊麻呂は逃亡奴婢の探索を続けていた。東大寺が所蔵する国宝の東大寺文書のなかに「東大寺奴婢見来帳一巻」という巻物がある。六通の文書を貼り継いでいるが、うち初めの五通は逃亡奴婢を捉えたときに東大寺僧の等貴が記録したもので、次の文書はその二通目に当たる。[*78]

奴小足の場合

奴小足 以天平十年逃
大倭國葛上郡柏原郷柏原造種万呂之家 役五年　又河内國志紀郡林
郷戸主上部古理戸口上部白麻呂之家在　五年
又遷大倭國葛上郡柏原郷柏原造奈兄佐家 役　三年
妻 河内國

奴小足は官奴司解の名簿によると、年六十二で、天平十年（七三八）に逃亡した嶋宮の奴である。天平勝宝三年（七五一）に捉えられるまで、大倭国葛上（かづらぎのかみ）郡柏原郷の民家で「役五年」、河内国志紀郡林郷の民家に「在五年」、その間に妻を娶り、また大倭の柏原郷の別の家に戻って「役三年」と、合計一三年も民間で匿われ、使役されていた。法令では、逃亡奴婢は捕捉して五日以内に官司に届け出る決まりであったが、守られなかった。

婢広山女の場合

次は三通目の文書である。[*79]

婢廣山女年卅八　左大指俣黒子一左耳羽黒子一　以去天平十四年、自奴司逃者
生益奴蓑麻呂年六　右腋於黒子一　宇奈自之左黒子一
　婢千蓑女年四　无印
右三人、以天平勝寶三年八月廿日捉来、使佐伯伊万呂、
奴眞敷、奴小黒万呂、如前、
　　天平勝寶三年八月廿日少知事僧等貴
　知事　　都維那

広山女は官奴司解の名簿（八八頁）によれば、嶋宮婢年三十七であるが逃亡の注記はない。しかし天平十四年（七四二）以来官奴司から逃亡していて、自分の生んだ子供の奴蓑麻呂六歳と婢千蓑女四歳を連れていた。父親はわからない。この母子が佐伯伊万呂や補佐役の元嶋宮奴の真敷と今奴の小黒万呂に捉えられた。もっとも文面からすると、真敷も小黒万呂も佐伯伊万呂に捉えられた可能性がある。なお小黒万呂はこのままでは官奴司解の名簿に見えないが、今奴のなかに五十三歳と二十一歳の黒万呂がいる。同名を

区別するため若い方に「小」を付けることが行われていたので、二十一歳の黒万呂のことである。なお後述の宝亀三年（七七二）の名簿では官奴婢の逃亡者の一人として「奴小黒麻呂 年卅三 逃」が挙げられている。文書中、「生益」とあるのは「しょうえき」と読み、出生によって増えた未登録の子供のことである。

奴忍人らの場合

次は四通目の文書である。*80

以天平勝寶三年十二月十八日佐伯伊麻呂之捉進賤事

合参人

奴忍人　以二月十四日、捉得於甲賀宮国分寺大工家

奴宇波刀　以十二月十七日、捉内匠寮番上工川輪床足之家

婢今刀自女　以十二月十五日、捉得守舎人坊神服部虫女之家

天平勝寶三年十二月十八日等貴

知事　少都維那

忍人は官奴司解によると、広瀬村常奴で年二十、逃亡の注記はない。東大寺に施入されてのちに逃亡したのであろうか。二月に甲賀宮国分寺の大工の家で捉えられた。官奴司在籍中は大工仕事の手伝いをしていたのであろう。宇波刀は内匠寮今奴で、等貴の記録日の前日、内匠寮番上工の川輪床足の家で捉えられ

た。以前、内匠寮の番上工のもとで下働きをしていたが、東大寺に施入されたため、親方を頼って逃亡したとみえる。今刀自女は官奴司解・治部省牒ともに「勅名」と注記されている。つまり特別な名前の持ち主ということになろうが、登録名は真刀自女となっている。年は二十八。今婢であったが、縁があったのか舎人坊の神服部（かんはとりべ）虫女の家に身を寄せているところを捉えられた。奴婢もそれぞれ新たな主人に仕えるとなると不安が付きまとう。

佐伯伊麻呂はこれで逃亡していた嶋宮奴婢一五人のうち、五人もしくは七人を取り戻し、しかも幼児の奴婢が二人も増えた。ここまで丸二年近く、「五十戸」編成は成功したのであろうか。新たな寺奴婢社会が安定したとなると、寺家なり造東大寺司なりから寺奴婢就役の要請があれば応えねばならない。伊麻呂は寺家三綱と協議しながら、そのための組織造りにも係わったであろう。

九　寺奴婢の仕事

（一）施入後の状況

大仏造立の進捗

天平勝宝二年（七五〇）といえば、前年十月に大仏が鋳了したあと、螺髪（らほつ）の鋳造が始まったときである。年が明けると、仏身の鋳浚（いざら）えの作業に入った。一方、大仏殿の建築工事も進捗しており、天平勝宝三年正月十四日には、孝謙天皇自身が東大寺に赴き、大仏殿建築の責任者、木工寮の長上正六位上神磯部国麻呂（かみいそべのくにまろ）

に外従五位下を授与、貴族に叙し、造営を督励している。[*81] また大仏殿内に安置する観音・虚空蔵の脇侍二菩薩の造像はすでに前年から始まっていた。仏殿の荘厳具の調達、殿内に納める六宗厨子の制作と納置する経巻のための写経など、国家的大事業が寺内で進められており、さまざまな事業に伴う補助的作業も多様かつ無限に近かった。

東大寺施入奴婢の仕事

東大寺に施入され、あるいは買い取られた奴婢はいったいどんな仕事に就いたのであろうか。おそらく嶋宮奴婢出身者および広瀬村など四ヵ村の常奴婢出身者は前歴の仕事とあまり変わりなく、近辺の寺田や菜園での農作業のかたわら、寺家や造東大寺司の要望で上番し、雑役に従事したであろう。一方、今奴婢や内匠寮今奴婢は、「黒万呂年五十三」が唯一「知木工」と注記されているに過ぎないが、なんらかの工能を持った者はそれなりの事業の雑役に廻されたであろう。

寺奴婢の労働条件は、天平勝宝元年十二月二十七日の勅の「准官奴婢」の文言により、官戸奴婢と同様の資格があると解釈され、前に説明した雑令第三二・三四条が適用され、私奴婢よりもはるかに恵まれていたと思われる。しかしながら、具体的な仕事の内容を知ることのできる史料はそんなに多くない。正倉院文書に頼るしかなく、その史料上の制約を承知のうえで実例をいくつか挙げる。まず個人名がわかる例である。

元嶋宮の奴大井

「写経雑物出納帳」という、文書をいくつか貼り継いだものがあるが、そのなかに香山薬師寺三綱が「経台壱基」の貸出しを造東大寺司務所に要望する牒がある。*82

三綱　牒造寺司務所
　請経臺壹基
右、為安居讀師用、所請如前、今注状付奴大井、以牒、
　　　　天平勝寶六年四月十五日小寺主「智明」
上座「常福」　　　　都維那「靈俊」
寺主　　　　　　　　少都維那「善勝」
（別筆）
「依請判許　　　　　判官上〔毛〕野君真人」
「柒経臺一基
　右、付廻使遣三綱所、
　　　　四月十五日呉原生人

冒頭の三綱は東大寺のそれではなく、香山薬師寺（新薬師寺）の三綱で、起案者の小寺主智明からわかる。『東大寺要録』所収「安居縁起」によると、安居会は「天武天皇が国家安寧を願って『金光明経』の

講読を始めたのがもとで、聖武天皇が天平十三年に金光明護国・法華滅罪の二伽藍を諸国に建立したのを受け、天平二十年からは夏安居(あんご)で『金光明最勝王経』を講説するよう命じた」という。[*83]

夏安居は四月十六日から七月十五日まで行われるが、この牒は初日に行われる金光明最勝王経講説法会準備のため、経台、今でいう論義台を造東大寺司から借り受けるために、三綱所が元嶋宮の奴大井を使いに遣らせたことを示す。漆塗りの経台を運搬するにはむろん一人では無理だから、複数の寺奴を連れ、借りて帰った。つまり奴大井は東大寺から香山薬師寺の雑役に派遣されていたことがわかる。天平勝宝元年で二十六歳であったから、時に三十一歳。

元寺家買取り奴垂水麻呂

「経疏出納帳」という経典類の出納を記録したもののなかに、次のような記事がある。[*84]

維摩経疏一部六巻 基師者□

右、依判官石川朝臣上毛野君等天平勝寳三年九月二日宣、令奉請

寺主平榮師所、使奴垂水万呂、　検充他田水主

(別筆)「四年四月三日検納已訖　知三嶋宗麻呂」

呉原生人

法相宗の開祖窺基の著わした『維摩（ゆいま）経疏』一部六巻について、造東大寺司判官石川豊麻呂・上毛野（かみつけの）真人による天平勝宝三年（七五一）九月二日の宣により、寺家買取り奴垂水麻呂と思しき人物が寺主平栄師のもとへ奉請、つまり渡す使者として派遣されている。当時造東大寺司傘下の写経所ではさまざまな目的による写経事業が進められていた。その一環として造東大寺司のもとにあった経巻を寺主平栄に届けるために派遣されたのである。写経所で従事する経巻貸借の使者には、一般的に若い沙弥（しゃみ）の例が多い。借りた経巻は翌四年四月三日には返却されてきた。垂水麻呂は宝亀三年（七七二）に四十九歳なので、時に二十八歳。

元奄知村の常奴東人

外嶋院写経所という、天平勝宝六年（七五四）四月四日から同七歳八月十七日まで存在し、新旧の『華厳経』の書写を目的とした写経所が法華寺内に設けられていた。奴東人はこの外嶋院と東大寺写経所とのあいだを遣使あるいは経巻の運搬役として頻繁に往来した人物で、その件数は一五件に及ぶ。たとえば次の三通は「写経雑物出納帳」からの文書である。*85

①外嶋院　牒東大寺寫経所
　以三月廿一日従内給金塵緑紙一百五十張
　又廿五日給卌六張 已上九十六枚者先奉度支
更今奉送金塵緑紙参伯拾捌張者
　牒、件金塵緑紙、所申依数奉送已訖、仍辞状、故牒、

天平勝寳六年六月一日田口兒人
付使奴東人

②外嶋院　牒東大寺冩経所
奉請花厳経柒箇巻 先日奉度本経者第六帙第五六七八九十巻　證本一巻七
右、依應経校、奉件本経、早分付使返送、仍録状、故牒、
一請葉蒿紙壹伯　張 大原魚次奉写
右、依欠第六帙紙、所請如前、
六月廿七日田口兒人
使奴東人

③外嶋院冩経所牒　東大寺冩経所
奉請舊花厳 第三帙第六帙　新花厳 第二帙第六帙
右、件四帙経内、随冩畢巻、且欲請奉、仍具状、故牒、
天平勝寳七歳五月十日田口兒人
付使奴東人

旧訳華厳経は六十巻、新訳華厳経は八十巻からなり、奴東人は法華寺の外嶋院写経所が書写する華厳経

のために、底本となる華厳経ばかりでなく、書写に要する紙や小道具類を東大寺から法華寺へと運び、また用済みとなった経巻類を返却のために運んだ。それでも奴東人は外嶋院専属の連絡係というわけではなく、彼以外にも従事している者がいる。奴東人は官奴司解では二十五歳と登記されているので、天平勝宝六年では二十九歳。

以上三例を挙げたに過ぎないが、他には近江国買進の奴飯長が造石山寺所関連文書に運米使として登場したり、寺奴立人は現存の奴婢名簿に名前は見えないが、近江国愛智郡の租米未納分取立に派遣されたりと、概して一時的あるいは臨時的な単純労働に就いている場合が多い。次は集団で従事している例である。

集団の寺婢

周知のように、東大寺写経所内では一種の国家事業としてさまざまな経典の書写が行われ、時には写経所としての名称を変えながらも、写経そのものの作業はおよそ五〇年にわたって継続した。写経事業に関する研究には膨大なものがあり[*86]、写経の作業工程もよく知られるようになった。写経所ではいわゆる写経生だけが働いていたのではない。現場で文書や記録の作成・保管に当たる事務責任者の「案主」と、造東大寺司の主典や史生から任命される管理責任者の「別当」とが分担して管理に当たった。

数十人規模で働く写経生にも役割分担があり、まず支給された用紙を継いだり打ったり界線を引いたりする「装潢」、底本となる経典と出来上がった用紙とを渡されて実際に書写を行う「経師」、書写し終わった経典を校正する「校生」、ふたたび装潢の手に渡り、巻木の仕上げ・軸付け・表紙貼り・緒付けなどを終えて廻って来た経典に表題を書く「題師」がいた。

これらの写経生は写経所に泊まり込みで働き、宿舎で共同生活を送っていた。食事を用意しなければならないが、写経所内には厨房があって、そこで調理された食事を朝・夕の二食摂り、お昼は間食といって餅や団子などを食べた。正倉院文書のなかには、彼らがどんなものを食べていたかわかる史料もある。もっとも優遇されていたのは経師で、一日当り米二升、わかめ一両、あらめ二分、かちめ一合、醤(ひしお)・末醤(みしお)各一合、酢五勺、塩六勺、大豆一合、小豆二合、漬菜二合、小麦五合などで、装潢には大小豆、麦などは支給されない。史生・雑使(ぞうし)・膳部(ぜんぶ)は一日当り米一升二合、わかめ一両、あらめ二分、漬菜二合、醤・末醤各六勺、酢四勺、塩四勺、といった具合である。賄い付きとなれば、食事を作ったり薪を運んだり、雑用も多い。史生・雑使・膳部以外にも、舎人(とねり)、仕丁(しちょう)、ときには優婆塞(うばそく)、縫女(ぬいめ)が登場する文書もある。当然のことながら彼らもまた食事をしなければならない。

そこで写経所の現場責任者は写経所内で働く人々の食事の員数を毎月後に造東大寺司務所に報告した。「写書所解し申す○月食口の事」と題する文書群がそれで、多数にのぼる。ところが下働きをしたであろうと思われる「寺婢」が登場する文書は次に紹介する三点しかない。*87

①寫書所解　申壇法所食口事

合單伍伯玖拾伍人 返上飯三斗六□

僧参拾玖口 十六口別一升二合 廿三口八合

畫師参伯玖拾参人
印工参人（鏤壇法印）
史生貳拾五人（人別一升四合）
舎人陸拾参人
女孺伍〔肆〕拾〔伍〕肆人（人別一□□／卅五人別一升六合）
寺婢壹拾捌人
以前、瑩〔永〕俊師壇〔仏像〕法奉造畫師等、食口顯注如前、
天平勝寳八歳七月廿日上村主「馬養」
呉原伊美吉

②寫書所解　申正月〔弐〕食口事
合單壹伯柒拾参人
畫師柒人（並繪花盤）
舎人伍拾参人
廿四人供奉礼仏　　三人遣使
五人造公文紙　　廿一人雜使
知識人拾陸人（並仕一切經奉讀所）

仕丁參拾人（貳拾玖）
婢陸拾柒人
（六）五人打厨子覆料綵帛　十三人染臈纈
卌八人縫厨子覆
以前、起正月一日、盡廿九日、食口如前、以解、
天平勝寶九歳正月廿九日上村主「馬養」

③寫書所解　申四月食口事
合單玖拾參人
書師肆人 並繪国分最勝王経横
舎人伍拾参人
九人切継国分最勝王経軸　五人供奉礼仏
七人遣使　五人造公文紙
廿七人雜使
仕丁参拾人
十五人廝　七人浄
八人雜使

寺婢陸人并一切経厨子覆紐
以前、起四月一日盡卅日、食口如前、以解、
天平勝寳九歳四月卅日上村主

①の文書は毎月の食口ではなく、写経所——このころはもっぱら写書所と呼ばれた——内で行われた特殊な宗教行事参加者のための食口である。行事の催行日数が不明なので、実際の参加者の人数はわからないが、行事中に提供された食事の口数を案主の上馬養が届けたことになる。壇法の導師を勤めた「瑩俊師」は瑩が永に訂正されているが、他の文書からして「栄」かもしれない。瑩俊師の壇法のために、まず仏画を画師が交代で描き、印工が「壇法印」を篆刻して画像に押印した。完成した仏画をまえに、瑩俊師を導師とする修法壇の法会が営まれ、それには上位と下位の僧侶が随喜した。この一連の行事のために事務官の史生や現場作業員の舎人、参加した下級女官の女孺のほかに、寺婢も延べ一八人が働いた。寺婢の管理は東大寺三綱所が行っているので、造東大寺司からの要請があったものと見える。

②は天平勝宝九歳正月二九日間の写経所で働く人たちの食口を報告したものである。この間、画師・舎人・知識人・仕丁に交じって、婢が延べ六七人働き、うち六人が厨子覆の綵帛の打ち延ばし（？）作業に、一三人が臈纈染めに、四八人が厨子覆の縫製に従事した。三綱所の指図によるものであろう。

③は天平勝宝九歳四月三〇日間の食口を報告したもので、画師・舎人・仕丁に交じって、寺婢が延べ六人働き、一切経厨子覆の紐付け作業を行った。これら三例の寺婢の業務はいずれも臨時的なものと考えられる。かつて天平十一・十二年に写経司が存在したころ、月食料の報告によれば、経師・校生・装潢・舎

人・女竪(にょじゅ)(女孺)・火頭(かとう)(炊飯係)に交じって、婢が一人毎日のように働いていた。造東大寺司管下の写経所もこれに準ずるかと思われるが、婢の用役は限られた場合になったのであろうか。

奴婢の派遣

少し時代が下がると、造東大寺司からの要望によって三綱所がしかるべき奴婢を派遣するというシステムは確立していたようで、次の造東大寺司公文案帳所収文書はその証左である。*88

造寺司牒　三綱所

請女貳人

右、爲令縫經所雜使等淨衣、三箇日間、所請如件、今具狀、以牒、

天平寳字六年潤十二月一日主典安都宿祢

造東大寺司から東大寺三綱所宛の牒で、写経所の雑使等の浄衣を縫う仕事のために女二人の派遣を要請している。起案者安都雄足は天平宝字二年(七五八)三月から造東大寺司の主典を務めている。三綱が差配できる女性といえば、寺婢であろう。造東大寺司では、たまたま生じた短期間の労働不足を補うために、寺婢二人の派遣を要請したと見える。

以上のような奴婢の就労についての数少ない諸例を見れば、奴婢施入の主眼が東大寺造営事業の労働力に資するためだったとは到底思えないのである。奴婢の半数が多くの幼児を含む未成年であり、成年の母

親たちは大勢の子供たちの養育に携わることで精一杯だったのではなかろうか。施入に当たり奴長の伊麻呂が直ちに解放されて佐伯伊麻呂となり、奴婢「五十戸」の監督者に任命された。言い換えれば寺奴婢共同体が組織された。むろん寺奴婢たちだけでは自立して村落共同体のような「里」を構成することはできない。受入れ側の東大寺は、当然のことながら、彼ら共同体を保護すべき責務を負ったと考えられるのである。

(二) 幼少奴婢の成長

楽具欠失届け　その壱

時代が下って天平宝字八年（七六四）ころになると、施入時にはまだ幼少児だった東大寺奴の名前が正倉院文書に登場するようになる。そのうち年紀がもっとも早いのは、次の楽具(がくぐ)欠失(けっしつ)に関する文書である。[*89]

(一)樂頭襖子壹領 白橡臈纈
　帛汗衫壹領　帛袷袴參腰
　右、爲用東西二塔幷七月十五日會、以去四月廿五日請高麗樂二具之中所失、
　仍探求可進状、注以解、
　　天平寶字八年七月十八日浄人　小菅万呂
　　　　　　　　　　　　魚主

検察　九月

三綱　（維那脱カ）少都恵瑤

可信乗軌

造寺司　主典志斐連麻呂

史生土師名道

案主建部廣足

倉人呉服息人　秦息成

七月十四日下呉楽二具之内欠物

鼓片輪壹枚　圓冠貳口　大孤児袍壹領　襖子壹領　呉女従腰帯壹条已上前一之内

笛吹帛汗衫壹領　鼓打布衫壹領　鉦盤打襪壹両　大孤父襪壹両　酔胡布衫壹領已上前二之内

右、爲十五日下充若櫻部梶取呉服息人二人、即檢定欠物如件、又此物十八日返上、更欠鉦盤襪一両、鼓帒二口、

右欠物之中、襪一両可進梶取并息人、鼓帒可進□□（欠損）内蔵金元粟田乙万呂、

仍記注如件、

主典志斐連麻呂　史生土師名道

三綱　少都恵瑤

可信乗軌

楽具欠失とは、何らかの法会において楽舞を演じるに当たり、あらかじめ正倉院もしくはそれ相当の寺庫から借り受けた楽人の装束や楽具類を返却するさいに、垷物が見当たらなかったことを指す。この文書の場合、東西二塔法会並びに七月十五日の盂蘭盆会のために四月二十五日に高麗楽二具を借り出したが、うち頭書の四件を遺失してしまったので、浄人ら四人が連名で探求して進めますという報告書である。書類上は解文形式で東大寺三綱に上申している。

ところが後半の「検察せよ」との三綱と造寺司の指示を受けて、造寺司主典らは、高麗楽二具には触れずに、盂蘭盆会に演じる呉楽（くれがく）、すなわち伎楽（ぎがく）二具の欠物について触れている。貸出しも前日の七月十四日に行われている。高麗楽と呉楽は別個のものである。実は四月十六日から七月十五日までの三ヵ月間は夏安居の期間で、結願日に盂蘭盆会が営まれた。したがって四月二十五日に借用したのは東西二塔法会で演ずる高麗楽のためだった。ところが浄人らが盂蘭盆会のことまで書き込んでしまったので誤解が生じたのであろう。

奴婢の子供の成長

ところで申請者の四人についてであるが、浄人を除く三人は施入時には十歳未満の幼少だった奴である。官奴司解の名簿によると、小菅万呂は飽浪村常奴で年は九歳、魚主は嶋宮奴で年は四歳、九月は同じく嶋宮奴で年は五歳であった。したがって天平宝字八年（七六四）ではそれぞれ二十四歳、十九歳、二十歳となる。浄人はありふれた名前であるが、現存奴婢名簿に見えない。宝亀三年籍の浄人は別人である。このことから人名でなく職名を想定する向きもあるが、後述の㈢の楽舞関係の史料にも登場するし、また神護景雲元年（七六七）に越中国が東大寺の墾田野地図目録を検校した折に、現地に派遣され、検校終了後、田図を同僚の浄浜とともに預かり、東大寺三綱所に持ち帰った浄人も同一人物と考えられる。*90 したがって東大寺帰属奴の一人だったことは間違いない。

楽具欠失届け　その弐

次は翌年の、やはり楽具欠失に関する文書である。*91

㈡謹解　申可進上失物事

合貳種（帛袴貳腰 袷褌貳腰）

右、限来七月之内将進納、仍顕注事状具、謹以解、

天平神護元年六月廿四〔日〕九月　魚主

主典他田水主

（別筆）
「判納　　本三綱少都維那僧恵瑤」

帛袴など頭書の二種の装束が見つからず、七月のうちに進納しますと報告している。上申者の九月も魚

主も㈠の文書で登場した。

正倉院宝物貸出しに見える奴婢　その壱

次はさらに翌年の天平神護二年（七六六）に関する文書である。ただ楽具欠失注文ではない。「北倉代中間下帳」という天平宝字八年（七六四）から宝亀四年（七七三）にかけての正倉院宝物貸出しに伴う出入を記録した巻物があり、[*92]残念ながら虫食いによる破損がひどく、断片的な情報しか得られないが、それでも丹念に見ていくと、貸出し希望者もしくは組織体・貸出し宝物・同受取人の三者は相関関係にあることがわかる。

たとえば、良弁に次いで二番手の地位にあった中鎮大法師平栄が十一月某日の法会のために帛汗衫（はくかんさん）（絹の汗取り用単の短衣）六領ほかを借用するさいには、三綱目代僧勝行が受け取っているし、近衛大将藤原蔵下麻呂（くらじまろ）家の借用物は資人（しにん）の久礼息万呂が受け取っている。また法会の期日も内容も不明だが、大掛かりな貸出しが行われたさい、少鎮所用衣装等は沙弥と思われる小浄・村山の二人が、俗人用の装束所は史生の六人部（むとべ）荒炭が受け取っている。また法会の道場を荘厳するさまざまな敷物とかは経輿装束所が担当し、文智師・円智師・広寂師ら有位の僧が受け取っている。

こうした相関関係を考慮しながら、寺奴が受取人になっている事例を拾い出すことができる。次はその一節である。[*93]

㈢神護二年

正月十四日下瓷鉢拾伍口　檜抔輪捌拾捌口

右、爲進大仏御粥、借充主水司、付林源、

（中略）

四月

七日下鼓伍面之中太二　袍貳拾領之中紫十領 臈纈十領　半扇拾捌領

（中略）

背子三領　勒巾五要　幞子一領　汗衫十五[六]領

袴十六要　百子一具　百盤一口　革帯十六条

（中略）

□着紫□□月、革帯壹条、作頭壹頭付浄人

右、□月八日、借下充、付浄人

四月八日の仏生会で舞楽を演ずるに当たり、前日の七日に楽具一式を㈠に登場した浄人が受け取った。むろん一人では運搬は困難なので、代表者ということであろう。

楽具欠失届け　その参

次も同年の天平神護二年に属すが、楽具欠失注文に係わるものである。*94

㈣欠失物事
横笛壹箇唐　尺八一口唐
右、四月八日欠物、注顕申送如前、以解、
神護二年五月一日少菅麻呂
勘知史生大和虫万呂
（追筆）
篳篥一隻　付魚主　倉人呉服
練汗衫一領　呉裹一条　本三綱少都維那法師聞崇
可進魚主野長四月八日請内裏

届人で起案者の少菅麻呂は小菅万呂のことであろう。㈢に触れる四月八日の仏生会のあと、欠失物が見つかった。篳篥以下の受け取りには魚主と野長が進むべしとなったが、実は四月八日に内裏で受け取っていたということらしい。野長は奄智村常奴で当時五歳、したがって二十二歳となる。

次は翌天平神護三年のことと思われるが、北倉代中間下帳の一節である。[*95]

㈤（前略）
襖子拾領四領浅緑綾 六領浅緑絁　金銅銭革帯捌条四条在蝶攝 小一条木銭押金薄 十三条无牒攝
綾冠□　蝶笠貳領　帽子冠肆頭　止利冠參領　作頭貳口

補襠□

督幡□□四足　勒肚巾四条□壹条韓拾玖両韓□付九月

伎楽用と思われる装束や楽具を㈠にも登場した九月が受け取っている。

正倉院宝物貸出しに見える奴婢　その弐

次の二点も中間下帳からの一節である。*96

㈥（神護景雲二年）

七月

十三日下□

□貳拾□横笛□枝付廣前

革帯貳拾条十条小帯各牛角錢形□之中八条□

（中略）

右、為用十五日會、下充如件、付□万呂魚主廣前

史生六人部〔荒〕炭

㈦八月

（中略）

黒〔漆〕辛櫃壹合

右、以〔八〕月二日、自隅寺奉請仏、粟津寺供奉料下充、付僧勝行、文〔受〕廣前

魚主　小菅万呂　野長

又下小幡捌旒付春日安万呂

主典建部廣足　倉人呉服「息人」

本三綱少都維那僧「聞崇」

(六)によれば、神護景雲二年（七六八）七月十五日の盂蘭盆会で演じられる伎楽（呉楽）用楽具の借出しのために、おそらく小菅万呂が代表となり、魚主と廣前が受け取ったこと、とくに横笛については廣前が受け取ったことがわかる。

(七)はこの年の八月二日に隅寺（海龍王寺）から粟津寺への奉請仏供養が行われたらしく、供奉するための装束や楽具を三綱目代僧勝行が受け取るに当たって、奴の廣前、魚主、小菅万呂、野長が随伴したことを示している。

初出の廣前は官奴司解の名簿によれば飽浪村常奴で当時十歳、したがって神護景雲二年では二十九歳となる。

幼少奴婢の成長と教育

以上取り上げた七例の史料のうち、浄人を除く奴を年齢順で列記すると、廣前、小菅万呂、九月、野長、魚主となり、彼らはいずれも天皇による施入奴であった。史料で見る限り、彼らは単に倉物の出納や運搬といった単純労働に駆り出されたというわけではなく、楽具欠失注文で見られるように、借り出した装束や楽具類の管理責任を負っただけでなく、次回の法会に備えて欠失物の調査ならびに補充を三綱や造東大寺司に進言する立場にあった。とりわけ取り扱う業務が楽舞に集中していることが注目される。

彼らがここに至るまでには、文字の習得や文書の作成ばかりでなく、楽舞に対するあらゆる知識を学習しなければならなかったであろうし、おそらく将来楽人となるために、幼少時から舞楽の稽古を仕込まれたと思われる。現在まで伝わっている雅楽の演目に、少年が舞う迦陵頻伽(かりょうびんが)や胡蝶楽(こちょうらく)がある。大仏開眼会のような臨時の法会ばかりでなく、寺内の大きな年次法会には舞楽や伎楽がかならず演じられた。吉川真司氏が指摘したように、[*97]成長した彼らは楽舞を担う楽人だったのである。

たまたま正倉院文書に登場することから、教育を受け楽人に成長した幼少奴婢の存在が明らかになったが、別途の教育を受け、なんらかの職能を身に付けた幼少奴婢も多かったであろう。当時奴婢のうち法で定められた組織的な教育を受け、立派に成長して資格まで与えられたのは女医だけであった。

婢から女医への道

律令法の医疾令第一六条によれば、官戸・官婢のうち、十五歳から二十五歳までの聡明な女性三〇名を採り、内薬司(ないやくし)の傍らに別所を設けて住まわせ、産科を始め、内科・外科・鍼灸の一応の医療をそれぞれ専門の医師が医学書を読ませることなく口述で教育する。そして毎月医博士が試験し、年度末には内薬司が試験して、七年以内に修了させるとある。[*98] 奈良時代の宮廷の医療はもっぱら宮内省被官の典薬寮（てんやくりょう）が担い、宮中の医療・医薬・薬園・乳牛などを司ったが、これとは別個に、中務省の被官で侍医や薬生（やくしょう）を抱えて、宮廷や宮廷以外の医薬を司る内薬司という役所があった。その傍らに設けられた別所とは、いわば女医養成学校である。この時代、そのような教育組織が実存したことは『続日本紀』の記事が明らかにしている。すなわち、この法令では女医養成の責任者の男性の医博士が置かれていなかったので、養老五年（七二一）十月に改定の勅が出され、それが一年後、内薬司に置かれたからである。[*99]

第四章

大宅朝臣可是麻呂による奴婢の貢進

一　大宅朝臣広麻呂の戸賎

奴婢寄進文書の分析

さて、これまでも触れてきた天平神護三年の奴婢帳目録によると、東大寺への帰属奴婢の第四分類として大宅（おおやけ）朝臣加（可）是麻呂進上奴婢が挙げられ、六一人の奴婢について注記があるとされていた。確かに、東大寺奴婢文書四六通のうち、大宅朝臣加是麻呂に関連するものは一三通、部分的に触れたものを加えると、一四通に達する。もし大宅加是麻呂が額面通り六一人の奴婢を東大寺に貢進したとすれば、銭に換算した場合、奴婢一人当りの平均価格を一〇貫と仮定して、総計六〇〇貫余の資産を寄進したことになる。当時、聖武天皇の呼びかけに応じて、大仏造立事業に銭一〇〇〇貫を奉加した人は貴族となる従五位下を授けられていたから、大宅加是麻呂もそれ相当な資産を持つ豪族だったと推測しても不思議ではない。ところが一四通の文書を検討してみると、六一人の貢進奴婢というのは、実際には東大寺三綱の僧侶たちも頭を抱えたであろう大きな問題をはらんでいた。文書史料の解明と洞察には、平田耿二氏による精緻な研究がある。*100 そこでこれを参考に、概略を説明したいと思う。

まず、一四通の文書であるが、年代的には天平十三年（七四一）から宝亀三年（七七二）まで、およそ三〇年間にまたがっており、これらを分類すれば、以下のようになる。

㈠　奴婢の身分に関する裁判および判決に伴う行政措置資料　五通

㈡　大宅可是麻呂による奴婢貢進資料（名簿を含む）　三通

(三)　東大寺による逃亡奴婢の補足・収容資料、いわゆる奴婢見来帳　五通
(四)　宝亀三年東大寺奴婢籍帳一通のうちの大宅可是麻呂貢進に触れる部分

ところが文書の内容を見ると、年代ははるかに遡って、大宅加是麻呂の先代の大宅朝臣広麻呂が逃亡奴婢を提訴した事件が語られている。加是麻呂による奴婢貢進は単なる資産の寄進に止まらず、奴婢身分の裁判という法制上の重要な問題を含み、さらには籍帳制の歴史や里制・郷里制・郷制という地方行政制度の変革にまで絡んでいるのである。本章の目的はあくまで東大寺が可是麻呂奴婢をどのように受け入れたかを叙述することにある。しかしながら、六一人の奴婢という名簿上の数字と実際の受入れ人数とには大きな開きがあり、その主因は奴婢の逃亡問題にある。したがって可是麻呂による貢進の実態を理解するには、あらかじめ貢進に至るまでの経緯についても触れておく必要がある。

逃亡奴婢の相続と訴訟

さて、大宅朝臣という姓であるが、もとは大宅臣といい、天武天皇時代に大宅朝臣となった。大宅朝臣氏は大倭国添上郡大宅・師毛（志茂）・春日一帯を本拠とし、五位以上の貴族に叙せられる者も輩出した。一連の文書群が生まれるきっかけとなった大宅朝臣広麻呂は、神亀三年（七二六）正月に正六位上から従五位下に昇叙されており、このことから推しても、大宅朝臣氏の本宗家に近い筋の出だったと思われる。以下その後の経緯は、大宅朝臣広麻呂から大宅朝臣可是麻呂へと世代を超えて複雑に展開するので、番号を振って追うことにする。

㈠　大宅広麻呂が和銅年初に戸主となり、「戸賤」、つまり戸の所有になる賤民を相続したところ、その戸賤の多くがすでに逃亡していた。広麻呂は彼らの逃亡先を探索し、その結果、山背・摂津両国に良人として登記されていることを突き止めた。そこでその歴名と所貫、つまり誰の戸口として登記されているか、登記の住所と戸主名を書き出し、彼らは「己賤（こせん）」、つまりかつては自分が所有する賤民だったのであるから、その旨を認定して欲しいと、逃亡奴婢を被告人とする裁判を刑部省に提訴した。提訴の時期について現存文書に言及はないが、内容から和銅二年（七〇九）から四年までのことだと推定されている。

㈡　広麻呂の訴状を受理した刑部省は、その内容を山背・摂津両国に送り、現行戸籍の和銅元年籍に依拠して、被告人らの姓名・年齢・血縁関係の確認とその後の生死・出生の有無、死亡の場合はその年期と除籍の有無などを明らかにし、直ちに報告するように命じた。山背・摂津両国では指示に従って戸籍の照合を行い、勘籍（かんせき）を作成して刑部省に申し送った。刑部省ではその勘籍をもとに、民部省に保管されている庚午年籍（こうごねんじゃく）（六七〇）と庚寅年籍（こういんねんじゃく）（六九〇）ほか五種の戸籍とも照合して、審判の資料を整えた。

㈢　刑部省はこれらの資料をもとに被告人から答弁書を取り、あるいは被告自身の出頭を命じて審理を進めたが、良人と登記されている者を賤民身分に貶める重大事件であり、しかも霊亀元年（七一五）に郷里制の施行が決定され、村落の再編と戸籍の改訂が行われたために、審理は大幅に遅れ、判決が出たのは養老七年（七二三）五月八日のことであった。提訴から十数年を経ていた。判決は広麻呂の勝訴となり、被告人たちは広麻呂の戸賤と認定された。判決文は当然広麻呂に発給されたはずである。

㈣　判決後、敗訴した奴婢は現行戸籍から除籍され、広麻呂の戸籍へ附貫（ふかん）されることになるが、その手続きはすぐに始まらず、二年半後の神亀二年（七二五）十二月に開始された。広麻呂はその直後の神亀三年正月に従五位下に叙せられているから、広麻呂による政府当局への働きかけがあったかもしれない。刑部省はまず山背・摂津両国に対して、提訴当初の「和銅元年勘」を現行戸籍である養老五年（七二一）籍と前籍である和銅七年（七一四）籍、および戸口損益帳や計帳歴名などによって照合し、和銅元年籍以降の敗訴奴婢の、死亡とか出生とかの異動を明らかにするよう命じた。山背・摂津両国は直ちに勘籍を行い、少なくとも摂津国では神亀三年三月二十七日付でその報告書を刑部省に送った。ところがその後刑部省は敗訴奴婢の除籍命令を出さず、広麻呂戸への移貫手続きは中断してしまった。

㈤　刑部省が手続きを再開したのは天平十一年（七三九）になってからで、当初の手続き開始から一四年も経ていた。この間、原告の広麻呂は死去し、戸賤は少初位下大宅朝臣賀（可）是麻呂に相続されていた。しかも逃亡奴婢のなかには、かつて山背国で良人として登記されていた父親が広麻呂の戸賤の婢と結婚したために、生まれた子供が広麻呂の戸賤と登記され、その一家が平城京右京に移住していることも判明した。そのうえ、この年の五月から七月にかけて打ち出された地方行政改革の一環として、郷里制の廃止と郷制に基づく新たな戸籍の作成が決定され、敗訴奴婢の除籍と新戸籍への附貫手続きは複雑なものとなった。

刑部省による除籍と附貫のための手続きは、これまでの山背国・摂津職に右京職を加えることで始まった。刑部省は三ヵ国に対して、「養老五年勘」以後の奴婢の異動を明らかにするために、天平十一年段階の現行戸籍である天平五年籍と前籍の神亀四年籍によって照合し、そのうえで新たな制度に基づく戸籍で敗訴奴婢を除籍する案を作成するように命じた。三ヵ国は勘籍による除籍案を作成し、翌天平十二年に刑部省に上申、これを受けて刑部省では勘籍を検討のうえ、国別の除籍者歴名を作成し、山背・摂津両国には八月二十二日付で、右京職には九月一日付で省符あるいは省移を送り、これらの奴婢を除籍して大養徳国に報告するように命じた。同時に、同様の除籍者歴名を直接大養徳国に送り、これらの奴婢を天平十二年新籍の添上郡志茂郷戸主大宅朝臣可是麻呂の戸籍に編附するように命じた。

(六) 右京・山背・摂津の三ヵ国は刑部省の指示に従って、天平十二年籍から敗訴奴婢を除籍し、その旨を大養徳国に移状をもって通告した。そのおり右京職は天平十三年閏三月七日付、山背国は天平十三年六月二十六日付、摂津職は天平十五年九月一日付でそれぞれ出した移状の写しが現存している。[*101] さらに三ヵ国は敗訴奴婢が登記されていた管轄下の右京の条令ならびに山背・摂津の郡司に対して、大養徳国の大宅可是麻呂戸にその身柄を引き渡すように命じた。このときの一例として、摂津職が管轄下の嶋上郡司に対し、天平十五年九月二日付で奴婢一一人の引渡しを命じた職符が残っている。これは摂津国印が一四顆、捺された公文書である。[*102] 大養徳国でも刑部省からの省符を受け取ると、歴名通りに新戸籍への編附を行い、これで手続きは終了した。その旨が可是麻呂に伝わると、彼は三ヵ国の条・郡に使者を送って、奴婢の身柄を引き取ろうとしたはずである。

(七) ところが大宅可是麻呂の戸賤として編附されることになった敗訴奴婢というのは、すでに半世紀以上にわたって良人として生活し、なかには戸主として一戸を構えていた者たちである。それが賤民身分に貶められるというのは耐えがたい事態であり、収容が始まると、その多くは逃亡し、行方知れずとなってしまった。一方、大宅可是麻呂も裁判に勝訴し、刑部省や現場の諸国司の協力のもと、除籍と附貫という戸籍上の複雑な行政手続きを進めつつあったものの、肝心の奴婢が逃亡してしまっては手の施しようがない。可是麻呂は先代の大宅広麻呂と同様の事態に追い込まれることになった。

二　可是麻呂による東大寺への奴婢貢進

可是麻呂による奴婢貢進名簿

天平十五年九月二日付摂津職符のあと、現存文書からしばらく大宅可是麻呂の名は消え、ふたたび登場するのは、天平勝宝元年（七四九）十一月三日付二通の東大寺への貢賤解においてである。それまでの六年間、可是麻呂は自己の戸籍に帰属することになった奴婢の処分をめぐって、さまざまな選択肢を考えたことであろう。時代も同じころ、紀氏一族の奴婢の所有権をめぐる裁判が決着、相続人の紀清人は奴婢をことごとく解放した。だが可是麻呂が選んだのは、奴婢を東大寺に貢進し、逃亡奴婢の捕捉や未了の戸籍手続を東大寺に委ねることであった。一通目は次のようになっている。*103

散位寮散位大初位上大宅朝臣可是麻呂謹解　申貢賤事
　合賤陸拾壱壹人
　　奴參拾陸人

婢貳拾伍人

右、貢於東大寺如件、謹以解、

天平勝寶元年十一月三日

奴三六人・婢二五人、計六一人を東大寺に貢進しますという主旨の可是麻呂の解である。二通目は冒頭に同様人数を記したうえ、貢進奴婢の名前を列記したものである。[*104]可是麻呂はこの二通の解を東大寺に提出するさい、名簿記載の奴婢がみずからの戸賤であることを証明する証拠書類として、大養徳国から譲り受けていた右京・山背・摂津の三ヵ国の大養徳国への移状と摂津国の嶋上郡司への職符とを副(そ)えた。この貢進手続に当たって、可是麻呂が実際に何人の戸賤を東大寺に引き渡したかわからない。奴婢六一人という数字にははるかに及ばない人数だったと思われる。

東大寺三綱では可是麻呂の解による奴婢の名簿と副申文書とを検討した結果、名簿にはすでに死亡した者も含まれていること、名簿と副申文書所載の歴名とを比較すると年齢に誤りがあることなど、解の名簿が杜撰(ずさん)であることを指摘して、貢進奴婢の再調査と実体のない奴婢の差し替えを要求した。

そこで可是麻呂は年齢の誤りを訂正するとともに、天平十二年の除籍命令から洩れた一二人を「未除本土籍」と注記して加えるなど、改めて奴三八人・婢二三人、計六一人の名簿を作成し、天平勝宝二年五月十七日付で東大寺に再提出した。

それが次に掲げる文書である。[*105]

散位寮散位大初位上大宅朝臣可是麻呂謹解　申貢賤事
合陸拾壹人
　奴参拾捌人
　　卅二人 付可是麻呂之戸賤
　　六人 未除本籍
　婢貳拾參人
　　十八人 付可是麻呂之戸賤
　　五人 未除本籍
奴飯村 年十八
奴大倉 年廿四
奴宮麻呂 年卅六
奴牛甘 年卅六
奴安麻呂 年九十四
奴大麻呂 年九十一
奴人足 年廿八
奴麻呂 年六十八
奴古麻呂 年六十七
奴豊足 年卌四　　以天平勝寶二年九月五日求来、

奴八男足 年卅一

奴小男 年卅五

奴真甘 年廿廿六

奴手見 年六十

奴千吉 年卅二　以天平勝寶二年七月十三日自出来、

奴真吉 年廿八

奴安麻呂 年六十五

奴布佐麻呂 年四　奈為女子

奴小君 年五十一

奴酒麻呂 年卅三

奴乙麻呂 年卅二

奴与止麻呂 年卅二

奴藪原 年廿一

奴宇氣麻呂 年十四

奴足人 年卌四

奴椋人 年十八

奴黒人 年十二

奴大名麻呂 年十一

奴弓張年五十五
奴大国年六十一
奴枳波美年卌八
奴法麻呂年五十二
右卅二人、所貫大倭国添上郡大宅郷戸主大宅朝臣可是麻呂戸賤
奴鎰取年八　足人之男、在右京四篠四坊戸主鞠智足人戸口、以前天平十一年勘、
奴国勝年十四　刀美女之男
奴若麻呂年十四　刀美女之男、在山背国紀伊郡大里郷戸主茨田連族知麻呂戸口、以前老五年勘、
奴足嶋年十
奴猪麻呂年九
奴廣嶋年十九　已（上）三人死婢船木刀自女之男、在攝津国嶋上郡濃味郷戸主辛矢田部君川内戸口、以（前）和同元年勘、
右六人、未除本土籍、
婢飯持女年廿二
婢刀美女年七十
婢麻刀自女年六十
婢秋夜女年卌
婢刀自女年卅七
婢多比女年八十九

婢三嶋女年五十八
婢和伎毛女年卅三
婢真枝足女年廿八　以天平勝寶二年九月五日求来、
婢奈爲女年卅八
婢香留女年廿五
婢　女年七
婢久理夜女年十四
婢衣屋女年七十一
婢姉女年六十
婢飯刀自女年卌
婢廣女年十八
婢稲女年十三
右十八人、所貫可是麻呂戸賤
婢辛刀自女年卅五
婢加良閇女年卅五
婢狛刀自女年卅三　已上三人婢三嶋女之女
婢黒刀自女年廿一　足人之女、已上四人在右京四條四坊奴戸主鞠智足人戸口、
婢古刀自女年十二　奴弓張之女、在摂津国嶋上郡濃味郷戸主奴軽部弓張戸口、天平十二年勘

右五人、未除本土籍、
以前奴婢、於東大寺奉献如前、以解、
天平勝寶二年五月十七日

今回の名簿のうち、奴婢の年齢について、摂津国分の誤りは訂正したが、全体については前回の勝宝元年分のままとしている。それでも些細な誤謬は残ったが、三綱が指摘した文書の不備はほぼ正されたとして可是麻呂の貢進を受け入れた。ただ厳密に調べてみると、なお死亡者が三人含まれていることがわかり、帳簿上の奴婢の貢進は五八人となった。なお天平勝宝二年五月十七日以降の注記はのちの加筆である。いずれにしても名簿の大半は、逃亡奴婢で占められていることが東大寺にも次第に明らかになった。実際のところ、史料上、当初から確実に東大寺に帰属したと言えるのは、次に触れる奴藪原一人に過ぎないのである。

三　東大寺による逃亡奴婢の捕捉

逃亡奴婢の探索

五月十七日付で名簿が再提出されて以降、東大寺では直ちに逃亡奴婢の探索にかかった。すでに天皇による施入でも一五人の逃亡奴婢が含まれており、奴長だった佐伯伊麻呂が中心となって探索を始めていたが、このたびは舎人の丸部(わにべ)臣広橋が中心となり、可是麻呂の戸賤の奴藪原が補佐役となって探索に当たったようである。可是麻呂に係わる奴婢見来帳(ぬひげんらいちょう)五通のうち三通は丸部広橋が捕捉し、一通は藪原が連れて来たと明記されているからである。

見来帳の一通目

見来帳の一通目は次のようになっている。*[106]

大宅朝臣賀是万呂奴婢見来帳

合柒人　奴三人 二人正丁 一人少子　婢四人 一人正女 一人緑女 二人少女

奴千吉 年卅　右眉於黒子　頚左黒子

右以七月十三日来

奴豊足 年卌五　右手名无指疵　右目本黒子

「生益」奴安居万呂 年六　右方与保呂久保尓 額黒子一　在志比祢　右一人婢真枝足女之男

婢真枝足女 年廿八　右眉後上布須閇 左鼻折黒子　婢持女 年九　左高頬黒子 同方眉於黒子

「生益」婢多比女 年二　左目後小去黒子　右二人真枝足女之女

「生益」婢須手女 年七　眉相疵　口右祁良良黒子　右一人奴豊足之女

以九月五日

右、従河内国、付舎人丸部臣廣橋、求来奴婢者、

天平勝寳二年九月五日少目代僧「聞崇」

都維那僧　僧「廣寂」

知事「平榮」
上座「安寛」

これによると、丸部広橋は可是麻呂による貢進後、二ヵ月も経たない七月十三日に河内国から奴一人、九月五日に奴二人・婢四人、計七人の逃亡奴婢を捕捉し、東大寺に収容した。ただ実質的な大人は奴の千吉と豊足、婢の真枝足女の三人のみである。むろん彼らは可是麻呂の解による名簿には名前が載っている。しかし出身地がわからない。そこで三ヵ国が大養徳国に出した移で探すと、彼らはいずれも山背国に元の戸籍があったことが判明する。移は次のようになっている。*107

山背国司移　大養徳国司
合奴婢貳拾捌人
　婢飯虫女年卅六
　婢伊蘇女年卅五
右二人、綴喜郡甲作里戸主粟国加豆良(部カ)郡人麻呂戸口所貫、
以天平五年死亡
奴人足年廿
右一人、同郡山本里戸主錦部田祢戸口所貫、

奴麻呂年六十
奴古麻呂年五十九
婢多比女年八十一
奴豊足年卅六
奴小男年廿七
奴八男足年廿三
婢秋夜女年卅二
婢刀自女年廿九
奴手見年五十一
婢三嶋女年五十八
婢和伎毛女年廿五

右十一人、久世郡那紀里戸主水尾公真熊戸口所貫、

奴牛甘年卅八
奴真甘年十六
奴千吉年廿四
奴真吉年廿
婢真枝足女年廿
奴安麻呂年五十七

婢奈爲女年廿
婢香留女年十七
奴小君年卌三
右九人、紀伊郡邑薩里戸主輕部牛甘戸口所貫、
奴酒麻呂年廿五
奴麻呂年廿四
右二人、同郡同里戸主茨田連族小墨戸口所貫、
奴与止麻呂年廿四
奴薮原年十三
右二人、乙訓郡山埼里戸主間人造東人戸口所貫、
奴雲足年六　神亀二年帳死亡
右、遷附彼部添上郡師毛里戸主少初位下大宅朝臣加是麻呂戸、
以前、被刑部省去天平十二年八月廿二日符偁、撿案内、上件奴婢、故從五位下
大宅朝臣廣麻呂等所訴、去養老七年五月八日判給已訖、国宜前件奴婢并子
孫除籍、附少初位下大宅朝臣賀是麻呂之戸者、国依符旨、除此土帳、遷去如
前、至准状編附、故移、
天平十三年六月廿六日
正六位上行介勲十二等葛井連諸會　從六位下掾紀朝臣伊冨

この移状によると、天平十三年当時、千吉は二十四歳、真枝足女は二十歳で、いずれも山背国紀伊郡邑薩里戸主軽部牛甘戸口として登記され、豊足は三十六歳で、同久世郡那紀里戸主水尾公真熊戸口として登記されていた。したがって天平十三年当時、いったんは大宅可是麻呂の戸賤として移籍されたかもしれない。というのは見来帳の真枝足女には九歳の持女・六歳の安居万呂・二歳の多比女の三人の子供があり、うち安居万呂と多比女には未登録の出生児であることを示す「生益」の注記があるが、九歳の持女には注記がない。これは可是麻呂戸で生まれ、可是麻呂の戸口として登記されたことを示す。母真枝足女は実際に身柄を可是麻呂戸に移されたはずである。ところがその後真枝足女は幼子の持女を連れて逃亡し、河内国に住みつき、新たに安居万呂と多比女の二人の子供を設けた。そうしたところを捉まったのである。同時に捉まった豊足は、須手女という七歳の女児を連れていたから、逃亡とほぼ時を同じくして結婚し、子を設けたのであろう。配偶者はわからない。

見来帳の二通目

舎人の丸部広橋はそれから一〇日足らずのあいだに奴婢八人を捉まえ、東大寺に連れて来た。次がそのことを示す二通目の文書である。*108

合奴婢捌人　奴四人　婢四人
奴倉人　年十七　耳右下黒子　不見目

奴大奈万呂年十三、右目後黒子　同方口佐岐良黒子
「生益」奴浄万呂年六　頭疵二
右三奴　三嶋女之男
刀自
「生益」奴万呂年四　左右耳都牟自
右一奴　奈為女之男
婢三嶋女年七十　右目本黒子　左目於黒子
婢刀自女年卌　鼻太乎理尓黒子　右頸下黒子
「生益」婢美奈刀自女年二　右眦折之内黒子
右一婢　刀自女之女
婢奈為女年卌　右頸黒子　上久治比留尓黒子
以前、以九月十四日、従山背国、付舎人丸部廣橋、求來奴婢者、
天平勝寳二年九月十四日少目代僧「聞崇」
都維那僧　大目代僧
上座「安寛」　「廣寂」
知事　小寺主僧

奴婢それぞれ四人で、山背国から連れて来たというから、前述の山背国の移状を見ると、三嶋女・刀自女・奈為女の名前が載っている。天平十三年当時、三嶋女は五十八歳、刀自女は二十九歳で、いずれも久

世郡那紀里戸主水尾公真熊戸口と登記されていた。奈為女は二十歳で、紀伊郡邑薩里戸主軽部牛甘戸口とあった。ところが可是麻呂の解文名簿では、三嶋女は五十八歳、刀自女は三十七歳、奈為女は三十八歳とある。三嶋女は八歳足すのを忘れ、奈為女は移状で「年卅」とあるべきなのを「年廿」と書き損じた。奴の「倉人年十七・大奈万呂年十三・浄万呂年六」は三嶋女の男子とあるが、訂正通り刀自女の子供である。刀自女は可是麻呂戸に収容されるときに倉人と大奈万呂の二人の子供を連れていたのであろうか。ところが子供らと姿をくらまし、浄万呂はその後に生まれた。刀自女にはまた二歳の美奈刀自女という女児もあった。二人は未登録なので生益と注記されている。ほかに奈為女には万呂という四歳の男児があり、やはり未登録なので生益と注記された。要するに捉えられた奴婢八人というのは、行く当てもない老女と幼少児を抱えた二人の母親だったのである。

見来帳の三通目

舎人の丸部広橋が連れて来た奴婢の見来帳三通目は次の通りである。*[109]

合婢貳人
　婢刀自賣 年卌 左鼻邊黒子　左耳前黒子
「生益」 女千縄女 年三　（別筆）「右一人生益」
右、以十月四日、自河内国所捉来如件、使舎人丸部廣橋、以安置、
　天平勝寶二年十月四日目代豊歡　「聞祟」

知事「平榮」

都維那僧「法正」

「廣寂」

河内国から母子二人を連れて来たというわけであるが、刀自賣とは、あとで紹介する天平勝宝三年三月十日付茨田久比麻呂（まむたのくひまろ）の解状に、「山背忌寸族刀自賣女千縄、帳不除」とある人物である。もとは山背国に本籍があったが、河内国に逃亡していた。誰かと結婚し女児を設けたのである。どんな生活をしていたか。

見来帳の四通目

前に紹介した東大寺所蔵「東大寺奴婢見来帳」のなかにも大宅可是麻呂に係わるものがあって、見来帳の一通目に当たるが、次のようになっている。*110

以天平勝寳三年三月三日、顯來、

婢飯刀自女 年卌五 左高頬黒子二　又鼻左黶　奴法万呂之女

奴麻呂 年十一 頤右黒子一　自右目後一寸去黒子二

（追筆）已上二人奴、攝津國川邊郡坂合郷戸主秦美止保利戸口秦乙麻呂之男所貫

（追筆）「生益」 奴常石麻呂 年七 右眉於黒子一　頸右黒子一

「生益」 奴寺麻呂 年四 右輔車下疵

右三人飯刀自女之子者

天平勝寶三年三月三日等貴

都維那

寺主

誰が連れて来たかわからないが、奴の麻呂十一歳・常石麻呂七歳・寺麻呂四歳はいずれも飯刀自女の子供で、注記に奴二人は摂津国川辺郡坂合郷戸主秦美止保利戸口秦乙麻呂の男で、その戸籍に登記されているとあるから、飯刀自女と秦乙麻呂とは夫婦だったと見なされる。ところが飯刀自女は大宅可是麻呂の戸賤と認定されたので、彼女は夫と別れ、三人の男児を連れて東大寺に来たということになる。

そこで摂津国が大養徳国へ送った移状で確かめると、歴名に「法麻呂女飯刀自女年卅六」とある。移状の日付は天平十五年九月一日となっているから、八年まえのことで、この見来帳の飯刀自女と同一人物であることは間違いない。

見来帳の五通目

可是麻呂に係わる奴婢見来帳の五通目は、次のように年月を五年も経過した日付になっている。*III

(追筆)
「大宅朝臣加是万呂之賤」

婢黒刀自女 年卌二 右耳羽黒子　左輔車黒子　頤左下黒子

（追筆）
「生益」
黒君 年三 印无　（追筆）「黒刀自女之子　以勝寳九歳死去」

右二人、以天平勝寳八歳十月廿六日出来、捉進上人奴藪原、

奴浄水 年十八　（追筆）「黒刀自女之子」

右一人、在伊豫國、

天平勝寳八歳十月廿六日少寺主「聞崇」

都維那「等貴」

（異筆）
「以前、黒刀自女申云、始右京職史生出雲豊麻呂之妻、為即彼戸所貫者、

次今住糸井里家在私、」

婢黒刀自女を連れて来た奴藪原はみずからも大宅可是麻呂の貢賤名簿に載っている人物で、年は二十一歳とあった。名簿の前後関係から山背国の出身と推定されるので、大養徳国への山背国の移状を参照すると、十三歳で、乙訓郡山埼里戸主間人造東人戸口と登記されている。天平十三年のときの年齢なので、貢進時に二十一歳で合致する。すでに山背国の事にも通じており、舎人丸部広橋による逃亡奴婢探索にも協

力したことであろう。

問題の黒刀自女であるが、可是麻呂の貢賤名簿の黒刀自女は年齢が二十一歳なので別人であろう。山背国の移状にもその名は見えないので、早くから逃亡し、本人が言うように、右京職の史生出雲豊麻呂の妻となり、豊麻呂の戸籍に入籍していたが、今は別れて糸井里の家に住んでいるという。この地名の所在は不明である。なお黒刀自女の男子の奴浄水十八歳は伊予国（愛媛県）で見つかった。

結局のところ現存の奴婢見来帳による限り、東大寺に収容された逃亡奴婢は合計二四人となる。うち大人の奴は二人で、一人は七歳の女児の父親、婢は老女と子連れの母親が六人、子供は十代が四人、十歳未満が十一人となり、圧倒的に庇護を必要とする生活弱者が多い。現存の五通以外に見来帳が存在したとしても、状況は変わらないであろう。東大寺としては否応なく彼らを保護し、彼らの生活の面倒をみざるを得ない結果になった、つまり彼らの養護者の立場に置かれることになったのである。当時の言葉で言えば、東大寺は活動の一環として、悲田院の役割をも果たすことになったといえるであろう。

四　茨田久比麻呂の控訴

茨田久比麻呂の訴状

裁判で大宅広麻呂の戸賤と判決され、元の良民（良人）の戸籍から大宅可是麻呂の戸籍に移貫（いかん）され、さらに可是麻呂の貢進によって、東大寺の奴婢籍帳に移されても、なお貶められたみずからの身分に納得できない者たちがいた。彼らは裁判に敗訴し、東大寺奴婢となってもなお諦めず、良民身分の回復を願って控訴した。代表を務めたのが山背国紀伊郡の人夫茨田久比麻呂である。その訴状は解の形式で書かれ、なぜか奴婢文書の一つとして東大寺に移管された。次の文書がそれである。冒頭は欠損が甚だしいので不明なところがある。*112

□伊郡人夫茨田久比麻呂解　申大宅朝臣可是麻呂与久比麻呂争良人賤□

　合捌人　見寺侍十七人

□□(山背カ)忌寸族登与足　『入本』

□背忌寸族三嶋賣

山背忌寸族刀自賣　女千縄、帳不除

輕部造伊与志

輕部造真屋足賣　男安居麿　女毛知賣　女多比賣　已上三人帳除不(ママ)

茨田奈為賣　男麻呂　帳不除

茨田刀自賣　男椋人　男大奈麻目　男浄麻呂　女稲刀自賣　已上五人　帳不除

以前人夫、祖父祖母籍、自康(庚)午年始五比七比籍、附浄良人所貫、仍患款状録、

恐々謹以申、

天平勝寶三年三月十日

茨田久比麻呂

遊部足得
茨田石男
茨田大垣

茨田久比麻呂が大宅可是麻呂と良人か賤人かを争うために出した上申書である。謎の多い文書で、これまでも多々研究が寄せられている。

まず提訴人の茨田久比麻呂であるが、大宅可是麻呂の貢賤名簿にその名が見えないので、一見部外者なのかの疑いが持たれる。冒頭の欠字は「紀」で山背国の紀伊郡の人間であることはわかるが、肩書の「人夫」は何を意味するのか。『続日本紀』の用例を見ると、何らかの公的事業に徴発された人民のことを指しており、それには官営寺院の事業も含まれる。

「茨田久比麻呂解」の類例文書として、天平宝字二年（七五八）から翌年にかけての観世音寺文書継文三通のなかに、「早良郡額田郷人夫戸主三家連息嶋戸口三家連豐繼解　申稲代物進奴婢等事」と事書きしたものがある。*113 豊継の亡父息嶋が観世音寺の稲に莫大な損失を与えたために、その一部弁済の手段として、豊継とその母が奴婢五人を観世音寺に進上するというものである。奴婢の売却には公的な手続きが必要であり、人夫三家豊継は価格の認可を郡司に申請し、一連の文書が残った。どうやら三家連家は先代から観世音寺に出入りする家柄のようである。人夫は徴発の対象にはなるがあくまで公民であって、ただ寺院などと特別な関係にあることを示すために用いたのであろう。

茨田久比麻呂はむろん人夫であるにしても、文面からすると、名を連ねている人たちも「以前人夫、祖父祖母籍」とあるように全員が人夫だと自称している。二行目の「合捌人」は、提訴人が「合わせて八人」の意味であるが、連名は山背忌寸[いみき]族登与足、山背忌寸族三嶋賣、山背忌寸族刀自賣、輕部造[かるべのみやつこ]伊与志、輕部造真屋足賣、茨田奈為賣、茨田刀自賣の七人となって、一人足りない。要するに事書き通り、茨田久比麻呂は部外者ではなく、本人も身分回復を訴える当事者の一人なのである。

「見寺侍十七人」は小さな文字で書かれた九人の子供らを含めると合計一七人が現在「寺」つまり東大寺に住んで働いているということである。連名の七人に九人の子供たちの人数を足しても一六人となり、やはり久比麻呂を入れてはじめて一七人となる。久比麻呂がいつ可是麻呂によって東大寺に貢進されたか、直接的な資料はないが、東大寺に修正した名簿を提出するさいの杜撰さから考えると、あとからの追加人員のなかに入っていたと思われる。

提訴人の同定

そこで久比麻呂以外の連名について、これまで取り上げてきた東大寺奴婢に係わる文書類、すなわち右京職移・山背国司移・可是麻呂貢進解二通・奴婢見来帳三通に当たって該当者を特定し、推定年齢を確かめると以下のとおりである。

①　山背登与足は山背国移・貢進解・見来帳に豊足として登場し、四十六歳。

②　山背三嶋賣は山背国移・貢進解・見来帳に三嶋女として登場し、六十八歳。

③　山背刀自賣は山背国移・貢進解・見来帳に刀自賣（女）として登場、三十九または四十一歳。

④　輕部伊与志は山背国移・貢進解・見来帳に千吉として登場し、三十四歳。
⑤　輕部真屋足賣は山背国移・貢進解・見来帳に真枝足女として登場し、三十歳。
⑥　茨田奈為賣は山背国移・貢進解・見来帳に奈為女として登場し、四十歳。
⑦　茨田刀自賣は見来帳に刀自女として登場し、四十一歳。

男性二人、女性五人、いずれも東大寺の使者に捉えられ、収容された者たちである。女性のなかには茨田刀自賣のように、良民の妻だった者もいる。子供たちを抱え、次第に不満が昂じた女性たちの声に押されてか、もっとも知識のありそうな茨田久比麻呂が代表者に選ばれ、訴えることになった。被告は大宅可是麻呂である。

それならば久比麻呂はどこへ訴えたか。むろん現在の賤主である東大寺はありえない。控訴の主旨は、東大寺に賤人として拘束されている久比麻呂らは本来良人であったというのにあり、それならば訴状を受理してそのことを証明できる官司はどこかということになる。山背国司、大倭国司、刑部省のいずれかとなろうが、平田氏は久比麻呂の解冒頭の欠損部分を「紀」のみとし、「紀伊郡人夫…」と、郡名で始まる解は所管の国司に提出することになるから山背国司としている。[*114] 元の本貫地ということになる。

久比麻呂ら八人は解中にあるように、「祖父祖母らの籍は、庚午年より始めて五比七比籍において浄良人に附して所貫されていた」と訴えている。元から良人であった悔しさをにじませている。庚午年とは天智天皇（在位六六八〜六七二）が初めて戸籍を編纂した六七〇年を指し、それから六年一造で、六年ごとに造籍され、七比籍は和銅元年（七〇八）となり、それまで祖父母らは良人であったというのである。なお五比は女性が造籍されなかったことが二度あったことを指す。

しかし久比麻呂らがいかに主張しようとも、大宅広麻呂の戸賤訴訟は詳細な資料に基づいてすでに結審した事例であり、再審の余地はなく、棄却されてしまった。おそらくこの決定は山背国司止まりで処理されずに、刑部省にまで伝えられ、久比麻呂の訴状はそこから帰属奴婢の参考資料として東大寺に引き渡され、東大寺奴婢帳に挿入された。

第五章

寺奴婢の再編と解放

一　その後の寺奴婢の解放

（一）東大寺三綱牒上

奴婢の解放

すでに述べたように、聖武天皇は天平六年（七三四）、政治の基軸を儒教から仏教に移し、その後は仏教思想を根拠にした政策を次々と打ち出していった。それは奴婢身分の処遇についても言えた。太上天皇沙弥勝満となって直後、天皇は奴婢を東大寺に施入するに当たって、奴婢解放への道筋も付けていた。確かに奴長伊万呂（伊麻呂）は直ちに解放されて、新たな「五十戸」からなる寺奴婢共同体の管理に当たり、婢美気女と婢小楓女は天平勝宝元年十二月二十七日の勅に盛り込まれていた年齢と癈疾の条件に照らして解放された。ところがその後、解放への目立った動きはない。

『続日本紀』も天平勝宝四年（七五二）五月二十一日の条で、官奴の鎌取と根足が解放され、鎌取に巫部（かんなぎべ）宿祢を、根足に加茂（かも）朝臣の姓を賜ったと伝えるに過ぎない。[*115] きわめて特殊な事例なのであろう。東大寺奴婢については、次の東大寺三綱牒が天平勝宝七歳（七五五）十月二十五日の恩勅によって七人が解放されたことを示している。[*116]

東大寺三綱牒上　應所貫従良人等戸事

合柒人　男三人　女四人

凡川内縄麻呂　年六十一　摂津国河邊郡郡家郷戸主凡川内直阿曇麻呂戸口
刑部望麻呂　年五十一
刑部気麻呂　年卌九
刑部酒屋女　年卅五　已上三人左京五条二坊戸主正八位下小野朝臣近江麻呂戸口
阿刀鮑女　年卌五　左京三條一坊戸主大初位下阿刀宿祢田主戸口
市君黒女　年五十　左京七條四坊戸主市君船守戸口
山邊針間女　年五十七　左京三條一坊戸主山邊少孝子戸口
右、上件縄麻呂等、依去勝寶七歳十月廿五日恩　勅、放賤已訖、
又縄麻呂等申云、玄蕃寮宣偁、牒上三綱明文者、今依宣旨、件従良等、
可所貫戸并款姓等、注顯如前、以牒上、
天平勝寶八歳八月廿二日都維那僧　暇
佐官兼上座法師「平榮」
寺主法師「法正」

東大寺が所蔵するこの文書は「東大寺三綱牒上す所貫すべき従良人等の戸の事」と事書きしたあと、宛所は明記されていないが、男三人女四人、合計七人の放賤後の名乗るべき姓名と所貫すべき戸について報告している。この牒はその控えである。これまでも何度か触れた「東大寺奴婢見来帳一巻」の最後の六通目に当たる。確かに、この見来帳の最初の五通は奴婢見来文書であったが、なぜかこの牒が見来帳に貼り

継がれた。前五通の僧等貴による見来の記録と違って、やや改まった丁寧な書体で書かれ、平栄や法正の署名も、彼らの自署が残っている他の文書群と対照すると、実際の自署だったことは間違いない。つまり、この三綱牒は二通用意され、平栄と法正がいずれにも加署したあと、一通を正式文書として「東大寺印」を捺し、役所に届けたことになる。「牒上」という書式は単なる「牒」と違って、あくまで上申文書であることを示す。それにしても意味のとりにくい文書である。

内容は天平勝宝七歳十月二十五日の恩勅によって奴婢が放賤、つまり賤民身分から解放され、従良、つまり良民身分となったことによる事後処理に触れている。これまで紹介してきたように、中央官司と東大寺三綱とのやり取りは、治部省を通じてなされてきた。後述する宝亀年間（七七〇～七八一）の従良の場合も、治部省から通告されている。この牒では治部省被官の玄蕃寮しか登場しないので、東大寺三綱が玄蕃寮に上申するかのような印象を受けるが、当時の官僚機構から考えても、治部省の存在を無視することはありえない。勅が発せられてからの事務上の流れは次のようなことであろうか。

㈠　勅を承けた太政官は、官符でこれを治部省に伝え、治部省はその内容を省符で玄蕃寮に伝え、しかるべき人数の候補者を選定するよう命じた。

㈡　玄蕃寮では放賤の候補者を選定し、その歴名を解による文書で治部省に上申した。

㈢　治部省はこれを受けて候補者七名の放賤を東大寺三綱へ牒で通告した。なお候補者は放賤後に登録すべき戸と名乗るべき姓とを指定してやらねばならないが、東大寺三綱は玄蕃寮の宣として、その旨を報告しなければならないことが申し添えられていた。

㈣　これを受けて東大寺三綱は、縄麻呂らを三綱所に呼び出し、治部省からの通告内容を伝え、放賤に応ずるのであれば登録すべき希望の戸と姓を申し出るか、もしなければ三綱の指示に従うかを問い、彼らの戸と姓を決めた。

㈤　縄麻呂らは「玄蕃寮の宣に、三綱の明文を牒上せよ」とある通り、戸と姓の件よろしくお願いします、と答えた。

㈥　そこで東大寺三綱は「玄蕃寮の宣旨」により、縄麻呂ら放賤従良者の所貫すべき戸と希望の姓を注記して治部省に牒上した。なお「款姓」の「款」はまことの意味でこころからのぞむこと。

以上のようなことであるが、この東大寺三綱牒上は最終段階の手続きに当たる。具体的に従良者の歴名を調べると、縄麻呂・鮑女・黒女・針間女の四人は元嶋宮出身の施入奴婢、望麻呂・気麻呂は元近江国買進の持麻呂・気麻呂に同定できる。

天平勝宝七歳十月の恩勅というのは四日まえの十月二十一日に、孝謙天皇が聖武太上天皇の病気平癒を願って出した大赦と振恤の勅に続くものである。このとき孝謙天皇は父天皇の病状に心を痛め、病を癒すには恩寵を施し、延命には民の苦しみを救うにしくはないと、全国に大赦し、死罪は一等を減じ、貧窮者に振恤した。そのうえ二ヵ月間の殺生禁断を命じ、天智・天武・持統・文武・元明・元正の各天皇陵、草壁皇子陵、藤原不比等墓に勅使を派遣して祈念させた。*117

日を置いての奴婢の解放は、重要事項ではないので正史には記載されなかったが、その後も一連の施策が行われたことをうかがわせる。その主旨からすれば、十月二十五日の恩勅が縄麻呂ら東大寺奴婢のみに下されたとは考えられず、おそらく他寺院の寺奴婢も対象になったであろう。そのさい、解放対象者の選択権はむろん東大寺にはなく、あくまで天皇にあり、玄蕃寮はその事務処理を担ったに過ぎない。人数にも制限があったのであろうが、大勢の奴婢のなかからなぜ縄麻呂ら七人が選ばれたのか。

　理由の一つには縄麻呂らが元嶋宮奴婢であったことが挙げられる。嶋宮奴婢が官戸並みの身分を与えられていたことはすでに述べた。また一つには望麻呂らが元近江国買進奴婢だったことで、藤原仲麻呂の意向が反映していると見なされる。酒屋女についてはまったく情報がない。近江国買進の婢白賣は宝亀三年（七七二）の奴婢籍帳に登場し、年齢も一致するので別人である。

奴婢解放の手続き

　だが奴婢身分が解放されるとなると、それ相応の手続きが必要であった。戸令第三九条は奴婢を放免する場合の手続きに触れ、「凡そ家人、奴婢を放して、良及び家人と為ば、仍りて本属に経れて、申牒して除き附けよ」と規定している。複雑な条文になっているが、同じ賤民であっても身分の異なる家人と奴婢を対象にしているためで、奴婢を一段上の家人にすることが想定されているからである。

　それはともかく、「本属に経れて」の本属とは、一般に本貫のある国郡を指す。「除附」とは旧籍から除き、新籍に附けることである。律令制定者が参考にした唐令では、家長が解放文書を手書し届け出ることになっていたが、日本律令は私文書を認めなかったらしい。代わりに所在の郡司に届け出ることを義務付けた。

　また戸令第一七条は浮浪や逃亡によって本貫が絶えた場合や奴婢が良人とされたときの本貫の定め方に

ついて触れ、「凡そ浮逃して貫絶えたらむ、及び家人、奴婢、放(ゆる)されて良(ろう)と為(し)たらむ、若し良と訴へて免(めん)せらるること得たらば、並に所在に貫に附(つ)けよ。若し本属に還らむと欲(ねが)はば、聴(ゆる)せ」と規定している。これによって解放手続きはいっそう明確となる。

新しい姓の付与

「絶貫」とは戸籍から削除され、本貫を持たないことを意味する。「附貫」は本貫を定めて戸籍につけることであるが、奴婢が良とされて附貫されるにはしかるべき姓が必要となる。この「東大寺三綱牒」はそのことを示す好例である。中国では姓の有無が良賤区分の指標とされ、奴婢は姓を持ちえないものとされていた。日本は中国のこの社会通念をそのまま踏襲し、奴婢が姓を持たないことは当然とされてきたが、「放賤従良」、つまり「賤をゆるされて良に従う」となれば、本貫を定めて戸籍に附けねばならないし、戸籍に附けるには当然しかるべき姓が与えられねばならない。

むろんこれらの法令は、国郡に本貫を持つ家人・奴婢を対象としている。官戸奴婢や寺奴婢はそうした本貫を持ってはいない。前述の官奴鎌取・根足は巫部宿祢・加茂朝臣の姓を名乗ることになったが、これは天皇による賜姓であった。東大寺奴婢解放第一号の佐伯伊麻呂もこれに近い例であろう。しかし、この文書に登場する縄麻呂以下七人の姓の場合は、官から与えられたとは考えられない。

縄麻呂は摂津国河辺郡郡家郷戸主凡川内阿曇麻呂(おおしこうちのあづみまろ)と縁ができたのか、その戸口となり、凡川内の姓を名乗ることになった。望麻呂・気麻呂の元近江国買進組は、左京五条二坊戸主正八位下小野朝臣近江麻呂の戸口となり、いずれも刑部(おさかべ)姓を名乗った。鮑女・黒女・針間女の元嶋宮婢は、鮑女が左京三条一坊戸主大初位下阿刀田主の戸口となり阿刀姓を、黒女は左京七条四坊戸主市君船守の戸口となり市君姓を、針間女は左京三条一坊戸主山辺少孝子の戸口となり山辺姓をそれぞれ名乗ることになった。いずれも本人たちの事情によって戸籍が与えられ、姓が与えられたのであろう。この間、東大寺三綱が彼らとどのような係わりを持ったかは想像するしかない。恩勅からおよそ一〇ヵ月を経て、各従良者の新たな姓と戸籍が東大寺から治部省へ届けられたのである。

（二）従良奴婢注文

新たな奴婢の解放

その後、東大寺奴婢に関する情報は前に紹介した天平神護三年（七六七）の奴婢帳目録を除けば皆無で、ずっと時代が下って称徳天皇の崩御後、光仁天皇（在位七七〇～七八一）時代の文書によって知ることになる。それは次の「従良奴婢注文」と名付けられた文書で、おそらく治部省からの指示によって提出された東大寺奴婢の移籍者名簿の手控えに当たるものであろう。*118

「（異筆）佐伯伊万呂　天平勝寶二年三月三日、依太政官符従良、」
日下部美氣女　（秦）大和小楓女　笠間弟妹女

右二人、依〔天〕平勝寳三年二月八日、依治部省牒従良、年満故
笠間弟妹女
（異筆）
「凡河内縄万呂　刑部持万呂　刑部氣万呂
右三人、以勝寳七歳十月廿五日、依　恩勅従良、
従八位上
阿刀鮑女　山邊針間女　市公黒女　刑部酒屋女
右四人、以勝寳七歳十月廿五日、依　恩勅従良、
（異筆）
阿刀松實女　阿刀小松女
右二人　以寳字八年十二月廿三日、勅使小納言石上息嗣従良」
（異筆）
「大名女五十八　眞庭女五十三　狭野女五十三　月足女卌八
右四人
依治部省寳龜二年十月廿五日符、従良、
眞敷卌八　倉人女五十三　（抹消）吉万呂六十九
右二人、

依寶龜二年十一月十月廿五日省符、従良、」
吉万呂年九六十九
右一人　依年滿従良、

加筆や書き損じの多い文書である。これによると、宝亀二年（七七一）十月二十五日付治部省符によって、東大寺奴婢の従良の通告があったことがわかる。宝亀二年といえば、称徳天皇崩御後の道鏡政治否定の嵐が吹き荒れたときである。道鏡の追放は国家の方針に変革をもたらすものであったが、これにもっとも勢いづいたのは、僧尼ら出家者たちを監督する立場から退けられていた治部省の官僚たちであった。これまで僧尼の度縁、つまり得度した者に与えられる公験（くげん）（身分証明書）はすべて道鏡の印を用いて発行されていたが、正月早々、これが旧制に復し、治部省の印を用いて発行することが決まったからである。*119

仏教政策の転換

ここに、政府の仏教政策は以前の律令制重視の姿勢に戻ることになった。かつて聖武天皇は律令で定められた僧尼令に疑問を持ち、国分寺を創設して民の暮らしを豊かにするような新たな僧侶の養成を目指したが、もはやそのような目的が政府当局者のあいだで理解されていたかどうかは疑わしくなった。むしろ称徳・道鏡政権の反動として、仏教界に対する政府の締め付けが始まったといえる。

八月になると、政府は僧綱ならびに大安・薬師・東大・興福・新薬師・元興・法隆・弘福・四天王・崇福・法花・西隆等の各寺の印を新たに鋳造し頒布した。*120 寺院行政の刷新を図るのが目的であるが、実態は政府による寺院の統制であった。正史には記録されていない寺院政策も多々行われたであろう。寺院所属奴婢は寺院にとっては資産の一部である。宝亀二年十月の治部省による従良者調査は、そうした政策の一環として行われたものと思われる。

解放された人々

文書の歴名を見てみよう。佐伯伊万呂はこれまでもたびたび登場した。日下部（くさかべ）美気女と大和小楓女は前述の天平勝宝三年二月八日付治部省牒で解放されたことはわかっていたが、どんな姓を与えられたか不明であった。笠間弟妹女は元嶋宮婢で、天平勝宝二年の官奴司解の名簿では六十三歳。従良年は不明だが、年齢が六十六歳以上になって解放されたのであろう。凡河内縄万呂・刑部持万呂・刑部気万呂・阿刀鮑女・山辺針間女・市公黒女・刑部酒屋女の七人は、前述の天平勝宝八歳八月二十二日付東大寺三綱牒に登場した。阿刀鮑女が従八位上に叙されていることが注目される。

阿刀松実女と阿刀小松女は天平宝字八年（七六四）十二月二十三日に勅使少納言石上息嗣の来訪があり、従良となったという。松実女と小松女は元嶋宮婢で、松実女は官奴司解の名簿では七歳、小松女は子松女とあって五歳、二人は鮑女に続いて記載されているので、鮑女の子女と思われ、それで阿刀姓を名乗ったのであろう。これで鮑女は、大成という男子と二人の女子の三人の子持ちであったと推定される。天平宝字八年は九月に藤原仲麻呂（恵美押勝）の乱が起こり、孝謙太上天皇が重祚し、称徳天皇となった年で、天皇は広範囲に及ぶ論功行賞を行うとともに、十月には大赦を行い、田租を免除、十二月にふたたび大赦した。松実女と小松女は恩勅に近い勅令を受けたのであろう。

大名女・真庭女はいずれも元嶋宮婢で当時三十六歳と二十九歳、狭野女は元奄知村常婢で当時三十三歳、月足女は元春日村常婢で当時二十二歳、記載の年齢と若干合わないところがあるが、宝亀二年十月二十五日付治部省符で従良を告げられたという。年齢が満了したわけでもなく、従良の理由は不明である。姓がなく、記録としては不十分。真敷は元嶋宮奴で当時二十五歳、倉人女は元嶋宮婢で当時三十一歳、宝亀二年十月二十五日付治部省符で従良を告げられたという。追筆の吉万呂は官奴司解の名簿で元今奴として登場し、当時四十七歳。本来なら六十六歳で従良の資格が得られたはずであるが、手続きが忘れられたか、六十九歳になってやっと解放された。

以上、天平勝宝二年から宝亀二年まで、二一年間に解放された東大寺奴婢は奴が六人、婢が一四人の計二〇人となる。持万呂・気万呂・酒屋女の元近江国買進組を除けば、すべて天皇による施入奴婢であった。

二　孝謙・称徳天皇による奴婢対策

（一）官奴婢の解放

孝謙天皇の奴婢対策

天皇による奴婢対策ということであれば、孝謙天皇はどのような取り組み方をしたのか、一応検証しておく必要があろう。聖武天皇崩御後の孝謙天皇、重祚してからの称徳天皇の政治を総攬すると、父聖武天皇を非常に意識していることに気付かされる。それは奴婢対策についても言えるのではなかろうか。

天平宝字二年（七五八）七月四日、孝謙天皇は光明皇太后の病気平癒を願って、その年の末まで殺生を禁断するが、同時に「思ふ所有るに縁りて、官の奴婢、并せて紫微中臺の奴婢を免して、皆悉く良に従はしむ」との勅を下した。[*121]

「思ふ所有るに縁りて」とは、かつて聖武天皇が藤原広嗣の乱のさい、大将軍大野東人らに与えた勅で用いた文言である。強い意志を示そうとしたのであろうか。「官の奴婢」とは官奴司が管轄する奴婢のことである。孝謙天皇は官奴婢だけではない、紫微中台の奴婢も合わせてことごとく「良に従う」、つまり解放すると命じたのである。東大寺に施入された奴婢は、元は官有奴婢であり、嶋宮や宮廷所司で働いていた。孝謙天皇によって解放されることになった官奴婢にはかつての同輩も多かったであろう。官有であれ私有であれ、奴婢が従良となれば、姓を与えられ、本籍を与えられて誰か戸主の戸口になるのが原則である。官奴婢であれば、それは宮廷を離れることを意味する。するとたちまち宮廷のさまざまな業務が頓挫することになる。混乱を抑えるために政権担当者が採った措置は、身分は解放するが、仕事はそのまま就かせるということだったようである。

天平宝字四年九月二十七日付の正倉院文書「奉写一切経所経師等召文」に坤宮官今良上嶋津という人物が登場する。奉写一切経所という写経所で働いている経師らが休暇の期限が過ぎても出勤しないので、坤宮官は今良の上嶋津を派遣し督促させたという。坤宮官とは、孝謙天皇の勅が出た翌八月に、藤原仲麻呂の意向で官名の改易が行われたさい、紫微中台を改めたものである。今良という肩書は、内匠寮ほか宮廷所司に仕える官奴婢を今奴とか今婢とか呼んだことに由来するようである。上嶋津は孝謙天皇によって解放された元紫微中台の奴だったということになる。[*122]

『続日本紀』の天平宝字五年（七六一）八月二十七日の条に、「今良三百六十六人を左右京・大和・山背・伊勢・参河・下総等の職・国に編附す」という記事が載っている。[*123] どうやらこのときまで、官奴婢らは解放されて今良となったものの、国郡に戸籍を持たなかったようである。解放後三年を経て、ようやく平城京の左右京など七ヵ国余に分散して編附され、戸籍を持つことになった。しかし近隣はともかく、遠方国に編附された今良は、どこで仕事に就いたのかまったく不明である。

（二）薬師寺奴婢の解放

仲麻呂の乱の論功行賞

それから三年後の天平宝字八年九月十一日に藤原仲麻呂の乱が勃発、反仲麻呂派の高位高官が一斉に蜂起したが、孝謙方には東大寺をはじめ寺院勢力も加わった。東大寺ではこの日、三綱上座僧安寛が果敢にも正倉院の兵器を内裏、つまり孝謙方に進上することを主張、御大刀八八口ほか、大量の武具を櫃(ひつ)二二合に納め、みずからが使となって内裏まで運んだ。[*124] 内裏に近い薬師寺では、屈強な寺奴らが孝謙方に与して実際に戦ったようである。

淳仁天皇は廃され、孝謙太上天皇が出家のまま重祚して称徳天皇となった。直ちに論功行賞が行われ、それは延々と続いた。『続日本紀』の宝亀二年（七七一）五月二十二日の条に、「近衛勲六等薬師寺の奴百足(ももたり)に姓を三嶋部(べ)と賜ふ」という記事がある。[*125] 奴のまま近衛となっている例は他に知られていない。しかも勲位を授けられている。これは仲麻呂の乱に軍功を挙げたからであろう。称徳天皇は薬師寺の寺奴の活躍を忘れなかった。天平神護二年（七六六）五月十一日に『薬師寺奴婢のうち、満六十歳以上の者と才能勇勤なる者を放賤従良する」と勅したのである。[*126]

前述のように、戸令第三八条は官奴婢について、六十六歳以上または癈疾者は官戸となり、七十六歳になると解放されて良民となると定めていた。六十歳以上というのは、孝謙天皇が天平宝字二年七月三日の勅によって、それまで六十一歳を老丁、六十六歳を耆老と定めていたのを改め、一歳繰り下げて六十歳からを老丁、六十五歳からを耆老としたことに関係があるかもしれない。いずれにしても、これは戸令第三八条が七十六歳以上の者を良にするとしたのを大幅に緩和したことを意味する。才能勇勤なる者とは、武術にすぐれ勇敢な働きをした者を指している。奴百足が念頭にあったことは間違いない。しかし実際に姓を与えることが忘れられたのか、『続日本紀』の記事は宝亀二年五月になってようやく賜姓手続きが取られたことを示している。それにしても称徳天皇の薬師寺奴婢に対する勅は、聖武天皇による東大寺奴婢施入の勅を想起させる。

（三）寺奴婢に賜爵

称徳天皇の行幸

天平神護二年は神仏習合の流れが強化されたときで、七月には皇祖神天照大神を祀る伊勢神宮にも丈六の釈迦仏像が祀られることになった。[*127] さらに十月には、称徳天皇がかねて隅寺（海龍王寺）の毘沙門天像より仏舎利が出現したことを奇瑞とみなし、仏舎利を隅寺から隣接の法華寺へ運ぶ盛大な行列の儀式を催し、祝意として道鏡に法王の位を授け、同時に右大臣の藤原永手を左大臣に、大納言の吉備真備を右大臣に、参議の弓削御浄朝臣浄人（道鏡の弟）を中納言に任命した。[*128]

明けて天平神護三年正月には、畿内・七道諸国の国分寺で吉祥天悔過法が行われ、二月からは各大寺への行幸が始まった。

最初は四日に東大寺へ行幸し、大仏師として名高い造東大寺次官の国中公麻呂や造東大寺司判官の佐伯真守ほか造営事業の功労者が叙位に与った。だが事後は叙位の趣が違った。八日は興福寺へ行幸、林邑と呉の雅楽が奉納され、奴婢五人が爵位を賜った。[*129]寺奴婢が賜爵の対象になるというのは前例がない。

三月になると、二日に元興寺へ行幸し、奴婢に賜爵、十四日には薬師寺へ行幸し、「長上工以下、奴婢以上の二六人に賜爵、奴息麿を放して姓を殖栗連と賜い、婢清売には姓を忍坂と賜った」。[*130]

称徳天皇の行幸は続く。四月二十六日は飽浪宮に立ち寄り、法隆寺で奴婢二七人に賜爵、八月には神護景雲と改元、十月二十五日には四天王寺の家人と奴婢三二人に賜爵した。[*131]神護景雲三年（七六九）十月にはふたたび飽浪宮へ行幸、由義宮に滞在、二十九日には智識寺に配置されていた今良二人、四天王寺の奴婢一二人に、爵を人ごとに三級賜った。[*132]

称徳天皇による奴婢への賜爵は以後見られない。なぜ賜爵を行ったのかについて、道鏡の進言によるとの説もあるが、理由はよくわからない。ただ称徳天皇による一連の奴婢対策が寺奴婢解放の気運を助長させたことは間違いなかろう。

三　宝亀三年の東大寺奴婢籍帳

（一）寺奴婢調査の徹底

光仁天皇の治世

神護景雲四年（七七〇）の称徳天皇崩御後、道鏡政治の否定から治部省による寺院統制が厳しくなったことはすでに触れた。寺奴婢関係でいえば、宝亀二年十月に奴婢従良者調査を行った。おそらくこれに続く対策として、治部省は各寺院に所属する奴婢の情報を求めたのであろう。東南院文書に納められている宝亀三年作成の東大寺奴婢籍帳は、そのことを明らかにする現存唯一の証拠資料である。文書全体に東大寺印が二四六顆、捺されていること、各所に擦消（さっしょう）があって訂正の痕跡があることからすると、籍帳の正式な原本と思われる。[*133] 東大寺奴婢関連文書四六通のうちの最後に当たる。長大かつ煩雑であり、古代史の専門家にはよく知られているが、重要な資料なので厭（いと）わずに紹介する。ただし、歴名は中略とし、『大日本古文書』編纂時に書き入れられた注記は必要でない限り省略する。

（表題）
「東大寺奴婢籍帳一巻　寶龜三年歳次壬子案」

（表紙裏書）
「入本」

（端書）
「□□□未勘奴婢一百五十三人」

東大寺三綱可信牒上

申上寶龜三年奴婢籍帳事

合奴婢二百二人

奴九十七人

婢一百五人

官納奴婢一百五十八人

奴七十七人

婢八十一人

諸国買貢上奴婢三人

奴二人

婢一人

寺家買奴婢廿三人

奴九人

婢十四人

大宅朝臣可是麻呂貢上奴婢十八人

奴九人

婢九人

逃亡奴婢十四人

奴九人

婢五人
見定奴婢一百八十八人
奴八十九人
婢九十九人
編首奴大井　年卌九　左手小指疵　正奴
女婢濱刀自女　年廿八　左鼻福良黒子　正婢
男奴吉継　年一　黄奴
編首奴魚主　年廿七　右手捄黒子　正奴
弟奴魚公　年廿二　右手捄黒子　正奴
弟奴魚成　年十一　左頬黒子　小奴
妹婢継女　年六　小婢
「死」單首奴廣津　年卅九　左高頬黒子　正奴
單首奴真立　年廿七　鼻於疵　正奴
編首婢蓑女　年卌　左手食指於黒子　正婢
男奴田人　年十五　右目下大黒子　小奴
男奴田主　年十三　右頬黒子　小奴
男奴田長　年六　小奴
女婢真蓑女　年廿二　右目本黒子　正婢

女婢笠刀自女　年四　黄婢
弟婢乙蓑女　年卅二 右手食指黒子　正婢
男奴笠人　年八　小奴
男奴笠主　年五　黄婢
女婢三笠女　年十三 右輔際豆牟自黒子　婢
女婢難波女　年一　婢
「弟婢大蓑女　年廿九 右下黒子　正婢
編首奴蓑人　年卅五 右手捄黒子　正奴
弟奴忍上　年卅四 左手食指疵　正奴
編首婢小蓑女　年廿一 鼻左福良黒子　正婢
男奴長瀬麻呂　年一　黄奴
單首婢木刀自女　年十九 左唇於黒子　小婢
編首婢秋女　年廿七 右耳前黒子　正婢
女婢廣女　年二　黄婢
編首婢真限女　年卅 左頬黒子　正婢
女婢田主女　年五　黄婢
女婢小田次女　年二　黄婢
「弟婢秋足女　年廿八 左頬黒子　正婢

編首奴九月　年廿八 左高頬黒子　正奴
弟奴乙上　年廿一 左高頬黒子　正奴
弟奴天福　年十七 鼻左福良黒子　小奴
弟奴福麻呂　年十四 右高頬黒子　小奴
弟奴真福　年十一 鼻於黒子　小奴
弟奴乙福　年九　小奴
編首婢廣野女　年卅七 頸左黒子　正婢
男奴浄人　年四　「黄」奴
「妖」奴野守　年卅五 右手食指疵　正奴
弟奴野公　年卅 右手捄疵　正奴
弟奴野長　年廿八 左頬黒子　正奴
弟奴立野　年十六 左高頬黒子　小奴
編首婢伊具比女　年五十 額黒子　正婢
女婢真糸女　年廿一 額右髪際黒子　正婢
女婢縄手女　年十三 左目後黒子　小婢
女婢千縄女　年六　小婢（異筆）五年正月十六日死去了
編首婢秋嶋女　年卌三 頸右痣　正婢
男奴萩麻呂　年十三 左唇疵　小奴

女婢秋野女　年十七 左唇於黒子　小婢

女婢玉継女　年四　黄婢

編首婢刀良女　年六十四 右目本下黒子　正婢

男奴志我麻呂　年卅 左唇於黒子　正奴

男奴家継麻呂　年廿 左手於黒子　正奴

編首婢見出女　年卌一 右臏黒子　正婢

女婢恵足女　年十九 右目本下黒子　小婢

女婢名刀自女　年五　黄婢

女婢秋庭女　年廿二 左耳後黒子　正婢

男奴百江　年二　黄奴

…（中略）…

奴石公　年卅七 逃　正奴

「婢白女　年五十一逃　正婢」

右二人、諸国買進奴婢例

奴安居麻呂　年廿八 逃　正奴

奴常石麻呂　年廿八 逃　正奴

右二人、大宅可是麻呂進奴婢例

以前、被僧綱去十月十七日牒偁、造賤籍帳、具注腹次、限今年十二月卅日以前進竟者、今依牒旨、件賤籍帳勘造、貢上如件、仍録事状、以牒上、

寳龜三年十二月卅日少都維(那脱カ)脩行入位僧「令耀」

上座傳燈大法師「承教」　大都維那傳燈満位僧「寂雲」

寺主傳燈大法師「玄愷」　少寺主傳燈住位僧「恵新」

可信傳燈滿位僧「寳業」　少都維那習學入位僧「珎宅」

可信博燈法師「承天」

可信傳燈住位僧「璟錮」

可信傳燈法師「慚安」

まず「東大寺三綱可信牒上して申し上ぐる宝亀三年奴婢籍帳の事」と事書きしたあと、登記した奴婢は奴が九七人、婢が一〇五人、合計二〇二人であり、内訳として官納・諸国買貢上・寺家買・大宅朝臣可是麻呂貢上の四種別による各奴婢の人数を掲げ、そこから逃亡奴婢一四人を減じて現在東大寺に居住している奴婢は奴が八九人、婢が九九人、合計一八八人であると人数を提示し、そのうえで編首奴大井以下歴名を列記している。

歴名中、奴婢は「編首」とか「単首」とか他資料ではまったく見られない用語で仕分けされていることから、その解釈をめぐってこれまでさまざまな説が唱えられてきた。たとえば、東大寺は労働奴隷としての奴婢をいかに効率よく駆使するかを追求するために、奴婢の血縁集団を利用して、編首・単首に区分したといった説である。東大寺奴婢の主要部分をなす施入奴婢についてすでに指摘した通り、年齢構成では十歳未満の子供がもっとも多く、一歳から二十歳までの未成年児が五四・五パーセントを占めており、到底労働力の導入を目指したとは言えない。奴隷の使役という視点では、宝亀三年の奴婢造籍の分析は不可能と思われる。

（二）造籍の目的

僧綱からの指示

長文の歴名のあと、造籍に至る理由が告げられる。「去る十月十七日の僧綱の牒を被むるに偁く、『賤籍帳を造って具に腹次を注し、今年十二月卅日以前を限りて進み竟えよ』と。今牒旨に依り、件の賤籍帳を勘造し、貢上すること件の如し。仍って事状を録す。以牒上」とある。この文言によれば、東大寺はおよそ二ヵ月余りという短期間で造籍する必要に迫られたことになる。なお文中の「腹次」は『大日本国語辞典』など辞典類に記載はないが、歴名を見る限り、兄弟あるいは姉妹の誕生順を指していると思われる。

僧綱の指示ということであれば、対象は東大寺だけでなく、奴婢を所有する他寺院にも同様の指示があったはずである。僧綱は治部省からの命令を伝達したに過ぎないであろう。すると編首や単首といった用語が他に用例を見ないからといって、東大寺による造語であるとは限らないし、「具に腹次を注し」という僧綱の指示があったとすれば、造籍の方針も東大寺が独自に立てたとすることも考え難いのではないか。

寺院側の対応

ただ籍帳のいたるところで擦消や訂正が見られることから、寺務方の責任機関である三綱所の僧侶団が実際に奴婢たちに面通しし、本人の年齢と身体的特徴や血縁関係を確かめ、誰が編首で誰が単首であるかを決定しながら造籍を進めていったことは間違いない。

末尾の僧侶団による連署筆頭の上座承教はすでに二〇余年まえ寺内法性宗大学頭の任にあった人物、都維那（ついな）寂雲と寺主玄愷（げんがい）は同じく法性宗の維那（いな）を務めていた。[*134] 今やいずれも東大寺きっての重鎮であろう。上座・都維那・寺主といった三綱の幹部ばかりでなく、補佐役に当たる複数の可信（かしん）までもが加署していることは、造籍が東大寺にとっても重要な事業であると認識され、慎重に進められたことを物語っている。

（三）官奴司解歴名との比較

奴婢籍帳の参照

さて歴名の検討に入ろう。筆頭の編首奴大井年四十九は元嶋宮奴で官奴司解の名簿では年二十六。官奴司解は天平勝宝二年（七五〇）二月二十四日付になっているが、当時官奴司は施入奴婢を選定するに当たり、勝宝二年度の奴婢籍帳では間に合わず、前年度の籍帳を利用したようで、その年齢を引き写した。そのことは宝亀三年籍の年齢と対比して明らかとなる。したがって官奴司解の年齢は勝宝元年度のそれであり、奴大井の年齢は一致する。奴大井は天平勝宝六年、東大寺から香山薬師寺三綱所へ法会に使う論義台の運搬に係わった。

歴名二人目の女婢濱刀自女年二十八は元嶋宮婢年五で、年齢が一致する。官奴司解では奴と婢は別個の仕分けになっていたが、宝亀三年籍ではじめて大井の娘であることが判明する。三人目の男奴吉継年一は浜刀自女の男児であろうが、父親が誰かわからない。この三人が編首奴大井のグループということになる。父子孫が一括して編首のもとに登記されるというのは、良民はともかく、これまでの奴婢ではありえなかったことである。

第二の編首奴魚主年二十七は元嶋宮奴で、官奴司解では年四、年齢は一致。弟奴魚公年二十二・弟奴魚成年十一・妹婢継女年六は弟妹で東大寺に来てから生まれたが、父母が死亡したのか、年長の魚主が編首となった。魚主は後出の九月・小菅麻呂らとともに楽具類に関連して登場した。次の単首奴広津年三十九は元嶋宮奴、官奴司解では年十六で年齢は一致。血縁者がないのか単首と仕訳された。身体的特徴が注記されていながら頭書に異筆で「死」とあるので、のちに死亡と確認したか。単首奴真立年二十七は元今奴で年六、年齢に錯誤がある。

編首婢蓑女年四十は元嶋宮婢で年十七、年齢は一致。男奴田人年十五・男奴田主年十三・男奴田長年六・女婢真蓑女年二十二・女婢笠刀自女年四はいずれも蓑女の子供。年齢順ではなくまず男子を、次いで女子を登記した。弟婢乙蓑女年三十二は蓑女の妹。古代にあっては弟妹は性別を逆転して表示することが多い。元嶋宮婢で弟蓑女と登記され、年九で年齢一致。官奴司解では蓑女の次に記載されていたが、宝亀三年籍で婢蓑女の妹であることが確定した。男奴笠人年八・男奴笠主年五・女婢三笠女年十三・女婢難波女年一は乙蓑女の子供、編首蓑女からすれば甥・姪に当たる。母親とともに編首蓑女の籍に入る。弟婢大蓑女年二十九も元嶋宮婢で年六、年齢一致。蓑女の妹である。以上総勢一二人が編首婢蓑女のグループとなる。父親が亡くなったためか、母親が自分の子供と妹たちおよびその子供たちの編首となった。

編首奴蓑人年三十五は元嶋宮奴、年十二で年齢は一致。弟奴忍上年三十四があり、元嶋宮奴で年十、年齢に一年の誤差がある。

編首婢小蓑女年二十一は東大寺生れで編首となった初例となるが、もし奴蓑人の妹であれば、訂正漏れとなる。奴長瀬麻呂年一という男児があった。

単首婢木刀自女年十九は元嶋宮奴婢の両親が死亡したのであろう。

編首婢秋女年二十七は元嶋宮婢で年四、年齢一致。婢廣女年二の女児があった。

編首婢真限女年三十は元嶋宮婢であろうが、官奴司解の名簿には見えない。その妹の婢秋足女年廿八も同様で、おそらく鮑女が美濃国婢と交替したように、東大寺から引き揚げられた嶋宮婢の交代要員として補充されたのであろう。

編首奴九月年二十八は元嶋宮奴で年五、年齢一致。奴乙上年二十一・奴天福年十七・奴福麻呂年十四・奴真福年十一・奴乙福年九の弟たちがおり、九月は年長者として編首になった。

編首婢広野女年三十七は元奄知村常婢で年十八、年齢に錯誤がある。奴浄人年四という男児がある。また奴野守年三十五・奴野公年三十・奴野長年二十八・奴立野年十六の四人の弟たちがあり、野守は元奄知村常奴で年十二、野公も同じく当時は野君で年七、野長も同じく年五、いずれも年齢は一致。奴立野は東大寺で生まれた。父母が死亡して年長の姉広野女が編首となった。官奴司解の名簿では不明であった血縁関係が少しずつ明らかとなっていく。

編首婢伊具比女年五十は元嶋宮婢で年二十五、年齢に若干錯誤がある。婢真糸女年二十一・婢縄手女年十三・婢千縄女年六の三人の娘がある。千縄女は宝亀五年正月十六日に死去した。編首婢秋嶋女年四十三は元今婢で年二十、年齢一致。奴萩麻呂年十三・婢秋野女年十七・婢玉継女年四の子供がある。編首婢刀良女年六十四は今婢で年四十一、年齢一致。奴志我麻呂年三十と奴家継麻呂年二十の二人の男子があり、志我麻呂は旧名志我万呂、元今奴で年七、年齢一致。編首婢見出女年四十一は元今婢で年十八、年齢一致。婢恵足女年十九・婢名刀自女年五の女子があり、妹の婢秋庭女年二十二とその男児奴百江年二も同じグループに属している。

こうして宝亀三年籍に記載されている奴婢各人について、血縁関係に留意しながら逐次検討していくと、さまざまな類型を見出すことができる。とりわけ二二年以前に作成された官奴司解の名簿と比較すると、多くの生存者が存在することがわかるし、官奴司解では不明であった血縁関係が確定できる場合もある。そこで両者の名簿の比較に便利なように、宝亀三年籍だけでなく、官奴司解からの生存者については、その所属と年齢の欄も設けて一覧にしたのが別表（次頁）である。なお官奴司解の年齢については天平勝宝元年次（七四九）に換算している。

奴婢名簿を一覧表にすることによって、宝亀三年籍の冒頭に掲げられていた人数の誤差などさまざまなことが判明する。まずこれまでたびたび言及してきた官納（天皇施入）・諸国買進上・寺家買取・大宅可是麻呂進上という帰属の由来を示す四種別の人数を総計すると、奴婢総数は二〇二人、逃亡者を減じた現在

宝亀三年十二月三十日現在東大寺帰属奴婢名簿一覧表

番号	編別	名前	血縁	旧所属	勝宝元(七四九)	宝亀三(七七二)	備考
1	編首奴	大井	父	嶋宮奴	26	49	
2		濱刀自女	子	嶋宮婢	5	28	
3		吉継	孫			1	
4	編首奴	魚主	兄	嶋宮奴	4	27	
5		魚公	弟			22	
6		魚成	弟			11	
7		継女	妹			6	
8	単首奴	廣津		嶋宮奴	16	39	死亡
9	単首奴	真立		今奴	6	27	
10	編首婢	蓑女	母	嶋宮婢	17	40	
11		田人	子			15	
12		田主	子			13	
13		田長	子			6	
14		真蓑女	子			22	
15		笠刀自女	子			4	
16		乙蓑女	妹	嶋宮婢	9	32	旧名弟蓑女
17		笠人	甥			8	
18		笠主	甥			5	

番号	編別	名前	血縁	旧所属	勝宝元(七四九)	宝亀三(七七二)	備考
19		三笠女	姪			13	
20		難波女	姪			1	
21		大蓑女	妹	嶋宮婢	6	29	
22	編首奴	蓑人	兄	嶋宮奴	12	35	
23		忍上	弟	嶋宮奴	10	34	
24	編首婢	小蓑女	母			21	蓑人の妹か
25		長瀬麻呂	子			1	
26	単首婢	木刀自女				19	元嶋宮奴婢の子か
27	編首婢	秋女	母	嶋宮婢	4	27	
28		廣女	子			2	
29	編首婢	真限女	母			30	元嶋宮婢か
30		田主女	子			5	
31		小田次女	子			2	
32		秋足女	妹			28	元嶋宮婢か
33	編首奴	九月	兄	嶋宮奴	5	28	
34		乙上	弟			21	
35		天福	弟			17	
36		福麻呂	弟			14	
37		真福	弟			11	

38		乙福	弟			9	
39	編首婢	廣野女	母	奄知村	18	37	
40		浄人	子			4	
41		野守	弟	奄知村	12	35	
42		野公	弟	奄知村	7	30	旧名野君とも
43		野長	弟	奄知村	5	28	
44		立野	弟			16	
45	編首婢	伊具比女	母	嶋宮婢	25	50	
46		真糸女	子			20	
47		縄手女	子			13	
48		千縄女	子			6	宝亀五年正月死去
49	編首婢	秋嶋女	母	今婢	20	43	
50		萩麻呂	子			13	
51		秋野女	子			17	
52		玉継女	子			4	
53	編首婢	刀良女	母	今婢	41	64	
54		志我麻呂	子	今奴	7	30	旧名志我万呂
55		家継麻呂	子			20	
56	編首婢	見出女	母	今婢	18	41	
57		恵足女	子			19	

番号	編別	名前	血縁	旧所属	勝宝元(七四九)	宝亀三(七七二)	備考
58		名刀自女	子			5	
59		秋庭女	妹			22	
60		百江	甥			2	
61	編首奴	廣成	父	飽浪村	15	38	
62		廣継麻呂	子			11	
63		淨継麻呂	子			7	死亡
64		廣長	子			5	
65		帯女	子			15	
66		浄刀自女	子			3	
67	編首奴	伊波比等麻呂	兄	飽浪村	13	36	
68		小菅麻呂	弟	飽浪村	9	32	旧名小菅万呂
69	編首婢	三雪女	母	今婢	12	35	
70		真次麻呂	子			9	
71		宮麻呂	子			1	死亡
72		宮刀自女	子			4	
73	単首奴	廣前		飽浪村	10	32	
74	編首婢	稲女	母	今婢	36	59	
75		迩保布女	子				
76	編首婢	田次女	母	今婢	22	45	

77		田継女	子			2	
78	編首婢	大乙女	母	嶋宮婢	26	49	旧名乙女
79		弦麻呂	子	嶋宮奴	3	26	193と重複
80		大鯛女	子			21	
81		小鯛女	子			18	
82		家主女	子			15	
83	編首奴	国依	兄	今奴	6	28	
84		真国女	妹	今婢	5	28	
85		五月女	妹			22	
86		小玉女	姪			2	
87	単首奴	龍麻呂				18	
88	単首奴	秋山		今奴	25	46	
89	単首婢	小薬女				44	
90	編首奴	益月	兄	内匠寮	13	36	
91		小月女	妹	内匠寮	11	34	
92		嶋刀自女	姪			4	
93	編首婢	目女	母	内匠寮	27	50	
94		浄嶋	子	内匠寮	5	27	
95	編首婢	伊刀女	母	嶋宮婢	8	31	
96		兄長	子			11	

番号	編別	名前	血縁	旧所属	勝宝元(七四九)	宝亀三(七七二)	備考
97	編首婢	稲主女	母	下総	20	41	
98		秋足	子			11	
99		秋継	子			4	死亡
100		秋田女	子			18	
101		春女	子			16	
102		春成女	子			13	
103	単首婢	真宅女		今婢	43	66	死亡
104	単首婢	真牧女	母	嶋宮婢	17	40	旧名真枝女か
105	単首婢	日咩足女	子		7	30	旧名日女足女か
106	編首婢	真玉女	母		22	45	
107		綿女	子			2	
108	単首奴	止治麻呂				32	旧所属不明
109	編首婢	猪中女	母	今婢	12	35	
110		継人	子			2	
111		与等女	妹	今婢	7	30	
112	単首婢	今刀自女		今婢	28	51	
113	編首婢	新刀自女	母	今婢	23	46	
114		小田女	子			9	
115	単首婢	国刀自女		嶋宮婢	9	32	

116	編首婢	小桑女	母	嶋宮婢	35	58	
117		真氷魚麿	子	嶋宮奴	2	25	
118		豊刀自女	子			20	
119		真魚女	子	今婢	3	32	
120		氷魚主	子			6	
121	編首婢	絹女	母	嶋宮婢	10	33	
122		野継	子			3	
123		梗虫女	妹	嶋宮婢	6	29	
124	編首奴	蓑虫	父	飽浪村	20	43	
125		逆麻呂	子	飽浪村	4	27	旧名逆
126		小廣女	子			16	
127	編首奴	若麻呂	父	今奴	18	40	旧名若万呂
128		大雪	子			11	
129		乙雪	子			9	
130		小雪	子			4	
131		三山	子			3	
132		酒刀自女	子			2	死亡
133	編首奴	伊賀麻呂	父	今奴	9	32	旧名伊加万呂
134		草麻呂	子			6	
135		小草麻呂	子			4	

番号	編別	名前	血縁	旧所属	勝宝元(七四九)	宝亀三(七七二)	備考
136		庭女	子			6	
137	単首奴	侍麻呂		今奴	6	29	旧名侍万呂
138	単首奴	小勝		美濃	34	57	
139	単首婢	木葉女		嶋宮婢	37	60	
140	単首奴	栗栖麻呂		春日村	17	40	
141	編首奴	忍人	父	廣瀬村	20	43	見来
142		津依麻呂	子			4	
143		千金麻呂	子			1	
144		津依女	子			8	
145	編首奴	文麻呂	父	今奴	23	36	旧名文万呂
146		美久麻呂	子			15	
147		猪名麻呂	子			8	
148		刀自女	子			13	
149		猪名女	子			7	
150	編首婢	麻祁佐女	母	今婢	6	29	
151		道女	子			4	
152	編首奴	高人	父	廣瀬村	12	32	
153		御舩麻呂	子			2	
154		民刀自女	子			6	

以上一五四人、天平勝宝二年三月三日、官納奴婢例

番号	編別	名前	血縁	旧所属	勝宝元(七四九)	宝亀三(七七二)	備考
155	編首奴	垂水麻呂	父			49	
156	(異筆)	藪万呂	子			6	
157	(異筆)	小逆女	子			5	
158		飯麻呂	甥			31	
159		日咩刀自女	姪			20	死亡
160		飯女	姪			17	
161	編首婢	小兄女	母			57	
162		真刀自女	子			27	
163	編首婢	小乙女	姉			43	
164		牟良自麻呂	弟			41	
165		須々支麻呂	弟			23	
166		魚麻呂	弟			14	
167		積女	母	左京	9	32	
168		家刀自女	子			2	
169		積麻呂	弟	左京	5	28	
170		真積女	妹	左京	6	29	
171	単首婢	慈女				60	死亡

以上一七人、寺家買納奴婢例

番号	編別	名前	血縁	旧所属	勝宝元(七四九)	宝亀三(七七二)	備考
172	単首奴	飯長		近江	23	48	
173	単首婢	白女(白賣)		近江	28	51	201と重複

以上一（二の上に）人、天平勝宝二年、国々買進奴婢例

番号	編別	名前	血縁	旧所属	勝宝元(七四九)	宝亀三(七七二)	備考
174	編首婢	真枝足女	母	大宅	27	49	見来
175		阿古麻呂	子			18	
176		鯛麻呂	子			7	
177		持女	子	大宅	8	36	見来
178		真鯛女	子			16	
179		鯛女	子			24	
180		礒主	子			2	
181	単首婢	黒刀女				57	
182	編首婢	稲刀自女	母	大宅		24	
183		稲足	子			1	
184	編首婢	捨女	母	大宅	3	30	
185		吉成	子			4	
186	編首婢	奈為女	母	大宅	38	64	見来、死亡
187		総麻呂	子		4	26	

番号	編別	名前	血縁	旧所属	勝宝元(七四九)	宝亀三(七七二)	備考
188	編首婢	刀自女	母		37	62	見来
189		咋麻呂	子			21	

以上一六人、天平勝宝二年、大宅朝臣可是麻呂進奴婢例

番号	編別	名前	血縁	旧所属	勝宝元(七四九)	宝亀三(七七二)	備考
190		石山（石立）		（今奴）	(10)	36	
191		真依		今奴	16	38	
192		小黒麻呂		今奴	21	43	
193		弦万呂		嶋宮奴	3	27	異筆、79と重複

以上四（三の上に）人、逃亡官奴婢例

番号	編別	名前	血縁	旧所属	勝宝元(七四九)	宝亀三(七七二)	備考
194		黒女				57	
195		乙積女				19	
196		碁女				36	
197		麻路女				52	
198		志我麻呂				21	54と別人か
199		夜夫麻呂				17	

以上六人、逃亡寺家買奴婢例

番号	編別	名前	血縁	旧所属	勝宝元(七四九)	宝亀三(七七二)	備考
200		石公(石君)		近江	14	37	
201		白女(白賣)		近江	28	51	異筆、173と重複

以上二(一の上に)人、逃亡諸国買進奴婢例

番号	編別	名前	血縁	旧所属	勝宝元(七四九)	宝亀三(七七二)	備考
202		安居麻呂		大宅	5	28	見来、真枝足女子
203		常石麻呂		大宅	5	28	見来

以上二人、逃亡大宅可是麻呂進奴婢例

東大寺が管理する奴婢数は一八八人とあった。ところが表記すると二〇三人となり、二人の重複が見つかった。歴名の各種別の末尾には人数が記されていて、官納は一五四人、諸国は一人、寺家は一七人、大宅は一六人で総計一八八人となり、一見正確に見える。ところが重複の79番弦麻呂を改めて見ると、身体的特徴が記載されてない。元嶋宮奴の弦万呂三歳に違いないが、本人への面通しができず保留した。しかし、結局見つからず逃亡者扱いとし、官納逃欄に193番として追筆した。そのさい79番の削除を見落としたのか、官納奴婢集計で減じなかったので重複となった。なお『大日本古文書』の「東南院文書」も「編年文書」も、「男奴弦麻呂」以下の左端に傍点が付けられているが、正倉院の原文書を写真で見ると、傍点は確認できなかった。墨書以外の方法が施されているのであろうか。次の白女も同様である。

もう一人の重複は173番の白女で、身体的特徴が記載されてない。近江国買進の婢白賣、天平十八年当時二十五歳、天平勝宝元年に換算すると二十八歳に違いない。だが本人への面通しができず逃亡者扱いとし、

201番として追筆、同時に諸国買進集計では、二人とあったのを一人に訂正した。結局のところ、四種別の現有奴婢数は集計では一八八人とあるものの、実際は一八七人となるのである。

（四）編首集団の実態

この種別ごとの人数で気付くのは、前述の天平神護三年次の奴婢帳目録記載の人数に比べて激減していることである。むろん天平神護三年次の数字はあくまで名目上のことであり、実体としての奴婢数に言及したものではないが、それにしても諸国買進上の二〇人が一人に、大宅可是麻呂進上の六一人が一六人に、というのは、東大寺への帰属後に誕生した奴婢も含まれていることを考えると、あまりにも少ない人数である。帰属当時、すでに奴婢の逃亡が繰り返されていたことは既述の通りであるが、実際に東大寺が受け入れた奴婢が果たして何人だったのか、改めて確認しておく必要があろう。

次に用語であるが、編首の「編」は編戸とか編附とかの編と同義で、構成員を順序だてて並べる、の意であり、編首は構成員のうちの代表者を指す。現代で言えば世帯主に当たろう。ただし編首は戸主と違って家族の代表者ではなく、単に血縁を紐帯として共住する集団の代表者に過ぎない。単首は、賤籍上では他に血縁者が存在しない独立した存在と解される。ただし身寄りのない独居者ということではなく、実態は編首集団に婚姻とか養子とかの関係で同居している場合がありうる。良民の戸籍であれば、戸主のあとに母とか妻とかの名前が来るのが通例であるが、奴婢は家族を持てないことになっているので、配偶者が記名されることはない。したがって宝亀三年籍において複数の血縁者を編籍したのは、天平勝宝二年籍からすれば画期的なことである。奴婢に対する国家の意識に変化が見られるのである。その点、宝亀三年籍は法制度と実態とを勘案しながら両立を図った絶妙な造籍であると言わねばならない。

編首となった者は全体で四四人、うち編首奴一五人、編首婢二九人で、婢が奴の倍近くを占める。編首奴の集団には父子型と兄弟型あるいは兄妹型があり、父の娘に子があっても、娘の配偶者が誰かわからない。兄妹型の場合も同様である。編首婢の集団は圧倒的に母子型が多いが、子の父親が誰かわからない。妻問い婚が想定されるが、単首奴に父親の候補者がいるかもしれない。

そこで諸国買進上や大宅可是麻呂進上に比べて、奴婢数が比較的確保できた施入奴婢について、編首や単首を取り巻く諸事情を探ってみよう。天平勝宝二年二月での官奴司解の名簿では、逃亡者を除く奴婢の実数は一八五人であった。ところが直ちに奴長の伊万呂、続いて嶋宮婢の美気女・小楓女・弟妹女が解放された。一方、伊万呂は逃亡奴婢の捜査に当たり、五人を連れ戻した。名簿上は「逃」とされていないものも含まれていたので、奴婢総数はこれまで同様、一八五人で推移した。天平勝宝七歳十月に恩勅があり、元嶋宮出身の縄麻呂・鮑女・黒女・針間女の四人が解放され、天平宝字八年十二月の特例で、鮑女の子女の松実女と小松女が解放された。さらに宝亀二年十月から十一月にかけて、元嶋宮婢の大名女・真庭女、元奄知村常婢の狭野女、元春日村常婢の月足女、元嶋宮奴の真敷、元嶋宮婢の倉人女らが解放された。元今奴の吉万呂は手続きが漏れていたのか、追筆で解放された。結局、宝亀二年までに一三人が解放され、施入奴婢出身者は一七二人となった。

一方、宝亀三年籍での官納奴婢は一五三人で、うち施入時からの生存者は六七人、東大寺生れは八六人であるので、施入奴婢出身者のうち、死亡したのは一〇五人となる。代わりに八六人が新たに誕生し、官納奴婢の人口はおよそ九割弱が確保できた。

一五三人のうち編首は三六人、うち編首奴一四人、編首婢二二人である。編首奴に選ばれたのは元嶋宮奴が四人、元飽浪村常奴三人、元広瀬村常奴二人、元今奴四人、元内匠寮今奴一人であった。編首婢二二人は、一人が訂正漏れで二一人となるが、内訳は元嶋宮婢が八人と不確定一人、元奄知村常婢一人、元今婢九人、元内匠寮今婢一人、嶋宮婢の交替要員となった元下総国買進婢一人であった。編首に選ばれたのはすべて嶋宮など旧所属出身の生存者で、しかも多くの血縁者を擁していることは言うまでもないが、とりわけ編首婢で特徴的なのは東大寺に移籍してから生まれた子供を抱えている事例が多いことである。良民並みの家族は持てないにしても、疑似家族に近い環境が整えられていたことが想定される。

四　桓武天皇による奴婢対策

（一）仏教勢力の抑制

桓武天皇の即位と改革

天応元年（七八一）四月、光仁天皇は皇太子山部親王に譲位し、親王は桓武天皇（在位七八一～八〇六）として即位した。時に四十五歳。弟の早良（さわら）親王を皇太子とした。即位直後の立場は、称徳天皇と比べようもないくらい弱かった。天皇は権力者としての権威を手に入れるためにあらゆる手段を模索した。貴族に対する報復的人事、井上内親王・他戸（おさべ）親王、早良親王といった政治的敵対者の排除、中国式天帝祭祀の採用、平城京廃都、蝦夷征討など、困難と思える政治手段を講じていった。

だがいち早く取り組んだのは、聖武天皇、次いで孝謙・称徳天皇が培ってきた仏教勢力を政治世界から排除することであった。桓武天皇による対仏教政策は、光仁天皇時代から始まっていた仏教界の綱紀粛正の流れを引き継ぎ、それをいっそう強化するものであった。国分寺僧補充の厳格化、新寺院の創設ならびに土地等施入の禁止、僧官たる国師数の適正化、寺院における利殖行為の厳禁、教律に従わない僧侶の処罰と、次々に対策を打ち出していった。

藤原種継暗殺事件

その一方で延暦三年（七八四）に長岡京遷都を強行した。その方法は難波宮や平城京の諸施設を解体して再利用するというもので、造営事業には全国から役夫三一万四〇〇〇人を徴発して当たらせた。それも昼夜の突貫工事で進められた。そうしたさなかの延暦四年（七八五）九月、造宮責任者の中納言藤原種継（たねつぐ）が夜陰に工事の検分中、何者かに射殺されるという大事件が起こった。平城京へ行幸中であった天皇は急ぎ帰還、直ちに犯人を捜索させ、徒党数十人を捕縛した。取調べの結果、かねて中納言大伴家持が画策した、桓武天皇を廃して皇太子早良親王を推戴しようという、実に大掛かりなクーデター計画が発覚した。嫌疑をかけられた早良親王は船で淡路に護送される途中に悶死。大勢の関係者が死刑や流罪となった。

早良親王と東大寺

早良親王は天平勝宝二年生まれで、東大寺の等定（とうじょう）を師として羂索院（けんさくいん）（本堂は法華堂）に寄住、十一歳で出家、二十一歳のとき戒壇院で具足戒を受けた。宝亀元年、光仁天皇の即位とともに親王号を賜り、東大寺では親王禅師の名で親しまれた。良弁（ろうべん）僧正は臨終に当たり、華厳一乗の教説とその興隆を早良親王に託した。それほど東大寺との縁がきわめて深い人であった。そのうえ藤原種継暗殺事件の首謀者の一人と目されている造東大寺次官林稲麻呂（はやしのいねまろ）は、宝亀年間に造東大寺司少判官を務め、のち東宮学士を兼務したことから、皇太子となった早良親王と親密な関係になったと思われる。

桓武天皇は事件の原因を究明するために、早良親王を取り巻く背後関係を徹底的に取り調べさせたに違いなく、当然のことながら、造東大寺司や東大寺はその対象となったはずである。東大寺と密接な関係にあった早良親王が、種継暗殺に連座したことを重く見て、東大寺を危険分子の巣窟と断定したに違いない。かつて藤原仲麻呂（恵美押勝）の乱が起こったとき、東大寺はいち早く旗幟（きし）を鮮明にし、孝謙方に味方した。乱の功労者として良弁が僧正に、安寛が大律師に補任されたが、『続日本紀』はむろんのこと『僧綱補任』にも記録がない。桓武天皇が二人の記録の抹消を命じたのであろうか。

一方、東大寺の造営を支えてきた造東大寺司は、まだしばらく命運を保っていたが、延暦六年（七八七）十一月に、造東大寺司長官を兼務していた大納言の藤原継縄（つぐただ）が、中国思想に基づく天帝を交野（かたの）に祀る勅使として派遣されたという記録を最後に、延暦八年（七八九）三月十六日、廃止となった。[*135]『続日本紀』はごく簡単にそう記すだけである。四〇年にわたるその活躍の歴史を考えると、まことにあっけない幕切れとなった。官僚は引き上げられたが、造東大寺司の事業は新たに設置された造東大寺所が引き継ぐことになった。

（二）良民と奴婢の子の身分の改定

太政官の奏上

造東大寺司が廃止されてから二ヵ月後の五月十八日、太政官が奴婢身分に係わる案件で桓武天皇に奏上した。『続日本紀』は次のように伝える[*136]。

「謹みて令条を案ずるに、良賤通婚するは、明らかに禁制を立つ。而るに天下の士女と冠蓋の子弟らと、或は艶色を貪りて婢を奸し、或は淫奔を挟みて奴に通じ、遂に氏族の胤をして没みて賤隷と為らしめ、公民の後をして変わりて奴婢と作らしむ。その弊を革めずば、何ぞ迷方を導かむ。臣達所望まくは、今より以後、婢の良に婚し、良の奴に嫁して、生まれた子は、並に良に従うことを聴さむことを。その寺社の賤、如しこの類のこと有らば、亦上の例に准へて放して良人とせむ。伏して望まくは、この寛恩を布きて、かの泥滓を拯はむことを。臣らが愚管、敢えて奏せずばあらず。伏して天裁を聴く」

ここで太政官がいう「令条」とは戸令第三五条を指す。その条文には「凡そ陵戸、官戸、家人、公私の奴婢は、皆当色婚すること為よ」とある。すでに述べたように、賤民は五色の賤とも呼ばれ、官戸と家人、官奴婢と私奴婢は、それぞれほぼ同じ身分で、官戸・家人は、官奴婢・私奴婢より上位の賤民であった。このような賤民内部の身分上の区分は、厳密に維持すべきものとされ、国家はそのために当色婚、つまり同種の賤民のあいだの通婚だけを認めた。その法意の背後には賤民身分の固定化が意図されている。ましてや良民と賤民との通婚は厳しく禁じられた。戸令第四二条は、賤民と良民とのあいだに生まれた子の身分を規定しているが、あくまで良賤間の通婚の禁止が前提である。

良賤間の通婚規則の変更

しかし、現実には良賤間の通婚は行われ、法はかならずしも遵守されていなかった。古くは大化元年（六四五）八月に定められた「男女の法」では、良民と奴婢の間に生まれた子の帰属について、母が婢ならば母に、父が奴なら父につけよ、とある。通婚が前提になって定められていて、男女の一方が奴婢であれば、そのあいだに生まれた子は奴婢とする、というのである。

太政官の奏上文は良賤間の通婚の現状を苦々しい思いで綴っている。「高位の男性が好色にかまけて婢を犯したり、天下の士女が淫らな恋心から奴と交わったりして、高貴な氏族の血を汚して賤民の類となっている。このままでは公民が将来奴婢となってしまう。この弊害を改め、法としての正しい道に導きたいと思います」と。

そこで太政官は「今より以後、婢の良に婚し、良の奴に嫁して、生まれた子はいずれも良民とすること」を提言し、桓武天皇の聴許を求めた。その主旨は、結局は良賤間の通婚の現状を追認し、法を改め、「男女の法」が良賤間で生まれた子を奴婢としていたのをすべて良民とすることであった。太政官の提言で重要なのは、この新たな規定を寺社の奴婢にも適用するとしたことである。もし適用されれば、寺奴婢が良民と結婚して子が生まれれば、子は良民になるのである。東大寺の寺奴婢共同体においても激変が起こるのは必定であった。

太政官は桓武天皇に、恩寵を垂れてかの泥滓、つまり良賤間の子で奴婢となっている憐れな者らを救っていただきたいと懇請した。天皇は太政官の提言を是とした。これで良賤間の子はすべて良民となることが法として決定した。日本の古代国家は律令法の継受とともに、中国の慣習法であった人民の良賤制を引き継ぎ、賤民身分の固定化を図ってきたが、ここに良賤制は崩壊への一歩を踏み出すことになったのである。

太政官奏が聴許された日の翌日のこととして、『続日本紀』は次のような記事を載せている。

「五月十九日、播磨国揖保(いひぼ)郡の大興寺の賤若女(わかめ)は、本は讃岐国多度郡藤原郷の女であったが、慶雲元年（七〇四）に、揖保郡の豪族佐伯君麻呂が詐って自分の婢だと称して大興寺に売り払ってしまった。そこで若女の孫小庭らが申し訴えて長らく日を過ごしてしまったが、ここに至ってはじめて、若女の子孫奴五人・婢十人が身分の潔白を得て、賤を免(ゆる)され良民に解放された*137」

豪族の強圧的な不法行為に対し、年月はかかったが、国家はあくまで不正を糺(ただ)し正義を貫くのだ、そのような姿勢を示す目的で、この事案は収録されたのであろうか。

（三）東大寺奴婢の解放

東大寺三綱の請願

こうして奴婢解放への動きは急速に早まったのであろうか。『東大寺要録』巻十は『日本後紀』の次のような逸文を載せている。[*138]『日本後紀』は『続日本紀』のあとを継ぐ正史で、桓武天皇から淳和天皇（在位八二三～八三三）に至る史実を記述していたが、四〇巻のうち現存は一〇巻に過ぎない。書き下し文にする。

延暦十一年十二月丁丑（二十七日）、東大寺三綱は言上した。

「去る天平勝宝元年十二月二十七日の勅を勘案しますと、『奴婢らを金光明寺へ施し奉る。其れ年六十[*139]以上に至る者および癈疾者は官奴婢に准えて、令に依りこれを行え。高齢でなくとも、勤勉なる性格で違うことなく仕事をこなす者は、僧侶らが情に矜みを懐き請願することで、賤を放免して良身分とするように』とあります。いま奴広前らはまじめに勤めて怠ることなく、期待通りに仕事をしていますので、伏して、良身分とすることを請願いたします」

天皇はこれを聴許した。

延暦十一年は西暦七九二年に当たる。東大寺三綱はちょうど四三年まえの同日、聖武太上天皇が出した勅を引用して請願した。引用の勅には、若干字句に違いがあるが、主旨は同じである。ただし年齢について、実際の勅では「六十六」とあったのを「六十」としたのが写本上の誤りなのか、それとも延暦十一年の請願のさいにすでに間違っていたのかはよくわからない。称徳天皇が薬師寺奴婢のうち、「満六十歳以上の者」を解放するとしたことが通念となっていて、訂正したのかもしれない。

三綱が奴婢の代表者として挙げた広前は元飽浪村常奴で天平勝宝元年は十歳、楽具関連の文書にたびたび登場することから、楽人として成長したのであろう。宝亀三年籍では単首奴で年は三十二歳とあった。したがって延暦十一年では五十二歳か五十三歳となる。六十六歳以上という年齢制限に関係なく解放されたことになる。広前以外に果たして何人が解放されたかわからないが、かなりの人数が解放されたものと見なされる。

それにしても東大寺三綱は四三年間、聖武太上天皇の勅を忘れなかった。請願のしかるべき時機をうかがっていたのであろうか。その間に、東大寺が帰属奴婢たちに対して臨んだ態度が、太上天皇の勅の主旨に沿ったものだったであろうことは想像できる。

おわりに

東大寺奴婢のその後

宝亀三年（七七二）十二月現在で、老若男女、合わせて一八七名在籍した東大寺奴婢は、二〇年後にその多くが解放された。しかし良民としての資格を得るには姓を持ち、戸籍にも登録されねばならないが、手続きはそう簡単でなかったはずである。宮廷で手工業的な仕事や雑用的な仕事に従事していた官奴婢はすべて解放され、良民となったが、今良と呼ばれて引き続き宮廷で働いた。その彼らでさえ、平城左右京など畿内外数ヵ国に分かれて新たな戸籍に編附されるのに三年を要した。

東大寺奴婢がどのような姓と戸籍を持つことができたかはまったく不明である。取得することができたとしても、生計はどのようにして立てることができたであろうか。やはり大半は今良の場合のように、東大寺を離れずに、寺域内に居住して家族生活を営み、東大寺での仕事を続けたことであろう。このことを予測させる史料がある。奴婢の解放からおよそ三〇〇年後、平安後期に編纂された『東大寺要録』の編者が、巻七雑事章第十に「東大寺職掌寺奴事」と題して貴重な報告をしているからである[*140]。

『東大寺要録』編者の記述

編者はまず本書第一章三節で紹介した「但馬国司解」のうち、前半の進上奴婢五人の歴名部分を除いた本文後段の「以前、被民部省去天平勝寳元年九月廿日符偁、被太政官今月十七日符偁、被大納言正三位藤原朝臣仲麻呂宣偁、奉勅、奴婢年卅已下十五已上、容貌端正、（中略）天平勝寳二年正月八日、史生従八位上土師宿祢田次」まで引用し、その後に左記の文言を加えている。書き下し文で紹介する。

「私云う。勝宝二年、形よく端正な良人を買進すべしとの綸言下されれば、五畿七道の諸の国司ら、各々奴婢を買い進む。同年二月二十二日を以て、〔聖武〕太上天皇・〔光明〕皇太后、共に鳳輿を雙べて親しく伽藍に臨み、件の奴婢二百口を以て、東大寺に施入せり。寺家、請け納め、史幹の人を択び、供佛施僧のことを預け、上司の職掌と為す。良匠の器を以ては造寺の工と為す。また歌舞音楽の曲を伝えて供佛大会の儀式に備えり。其れ、子々孫々、相継ぎて寺奴婢の職掌と為し、今に寺役に勤仕し、諸会に供奉する也。朝には霜雪を払い、大仏供を備え、毎日欠けざるの計を廻らし、暮るれば、星辰を戴きて、宝蔵の辺りに侍り、盗賊・火難の畏れを防ぐ。寺家の要人（心）ただ此れ在るのみ。奴婢らの籍帳二十二巻、印蔵に在り」

奴婢の諸国買進について誤認があったり、施入の経緯に誤解があったりするが、東大寺に納められた奴婢に対して、寺家がどのような対応をしたかが語られている。

㈠ 学問的素養のある者を選んで供仏・施僧に係わる仕事に就かせ、三綱所の系統をひく上司庁の職掌とすること。

㈡ 良匠たりうる人物は造寺の工人とし、造寺所の系統をひく下司庁のもとに置くこと。

㈢　歌舞音楽に素養のある者は楽人として大きな法会に奉仕させること。

おおまかにはこれら三つの職掌に就かせるとしている。そして子々孫々、相継ぎて寺奴婢の職掌として、今も寺役や諸法会に出仕している。儀式に供奉するだけではない。朝の境内の清掃、大仏飯のお供えの準備など、一日も欠けることなく取り計らうことに努め、日暮れて夜になれば、宝蔵の警備、盗賊や火災の警戒に当たっている。寺家の用心は彼らによって果たされているのである。このようなわけで、奴婢に関する籍帳二二巻が印蔵に納められている。

これまで述べてきたように、寺家は受入れ当初から奴婢をここに掲げる職掌に就かせたわけではなかった。また宝亀三年以後、東大寺奴婢の籍帳は造られてもいない。しかもこの編者の言には、奴婢の解放のことが触れられていないので、あたかも奈良時代の奴婢の労役が、平安時代を通じてそのまま存続したかのような印象を受ける。しかし実態は異なるであろう。それでも平安時代になると、かつて寺奴婢といわれていた人々の職務が、古代寺院が存続するうえで必要とされる職掌へと定着していったことが理解される。ただ一般的には「奴婢」という言葉はそのまま生き続け、鎌倉時代でも使われた。

東大寺修二会大導師祈願文

東大寺では「二月堂修二会」、通称「お水取り」という名高い行事が、天平勝宝四年（七五二）以来一度も絶えることなく今も続けられている。その多彩な行法のなかで、地味ではあるが「大導師祈願」というのがある。大導師とは、法会の趣旨や祈願文を観音菩薩の宝前で声高らかに唱えることを本務とし、行法全体のリーダー役を務める上﨟（じょうろう）の僧侶のことである。企業体で言えば社長に当たる。今の言葉で言えば国家の安泰、人類の幸福、世界の平和を祈るのであるが、その長大な祈願文のなかに次の文言がある。

「大伽藍ノ僧綱・已講・所司・大衆乃至職掌所従等ニ至ルマデ、安穏泰平・安穏快楽ニシテ、房内家内ニ来タル可カラン失火盗賊等ノ難ヲバ未然未発ノ前ニ消除解脱シ…」

「六時ノ行法ノ間手足ノ供給ヲ致セル駈士・膳夫・堂童子等、安穏太平、殊ニハ来タル可カラン失火盗賊等ノ難ヲバ未然未発ノ前ニ消除解脱シ、子息伴類一家境界乃至奴婢六畜ニ至ルマデ、安穏泰平ノ無邊ノ悉地成就獲得令メ給ヘ」

先文には東大寺に在籍する僧俗上下の職名が列記されている。僧綱はこれまでも取り上げた。已講は三会、つまり興福寺の維摩会、薬師寺の最勝会、大極殿の御斎会の講師を勤め終えた者のこと、所司は平安時代に発展した寺内の上司庁・下司庁など役所に勤める実務者、大衆は衆徒とも称されるその他大勢の僧侶、職掌は一般用語ではなく、かつての寺奴が解放されて以降に各職務に就いている者と解される。所従はその他従者。こうしたすべての人たちの安寧を祈るとともに、僧房や家内が失火盗賊等の難に襲われないようにと念じられている。

後文には修二会の行法のあいだ、手足となって奉仕をしている人たちへの安寧が祈念されている。駈士は堂童子とともに三役と呼ばれ、練行衆の補佐役として修二会に従事する半僧半俗の人たち、現在も使われている。膳夫は膳部ともいい、炊事係。そのような人たちの安寧と、失火盗賊等の難に襲われないことを祈るのであるが、さらにはこれらの人たちの子息や伴侶、一家親族、そして奴婢六畜に至るまで、安穏にして泰らかならんことを祈るとする。この文言中に「乃至奴婢六畜」という字句が出てくる。律令法が施行されていた日本の古代において、奴婢が六畜、すなわち牛馬羊犬鶏豚に近い存在だと見なされていた痕跡をここに認めることができる。むろん現在はこの字句を省略して唱えている。いずれにしても、ここには要録の編者の言ときわめて共通する部分がある。

なお現在の修二会では、祈願は過去から引き継いだ人たちのためばかりでなく、今日の国家安泰に対しても行われる。具体的には内閣総理大臣以下、各閣僚や衆参両院議長など国家の要職にある人々の名前をいちいち読み上げることで果たされている。これは「加供帳（かくちょう）」といって、祈願文中に挿入される部分に当たる。このあと寄進者名簿などが続き、ついで大導師みずからが作文した「諷誦文（ふじゅもん）」を独特の節付（ふしづけ）で読み上げる。これはその時々の時代に応じた人々の願いを観音菩薩に訴えるものである。令和三年度の修二会では世界愁眉の疫病退散、新型コロナウイルスの早期収束が祈られた。

こうして大導師は祈願の本文に戻ると、最後は修二会の行法に勤仕して得られた功徳力がありとあらゆる人々、あらゆる国々に至るまで、平等に、平等に行きわたりますように、と締めくくるのである。このような大導師の祈願文が一体いつごろに成立したのか、史料上は寡聞にして知らないが、平安後期を想定することもあながち誤りではなかろう。

東大寺奴婢の歴史的実態

今から千二百有余年まえに、主として国家が起案し東大寺が残した東大寺帰属奴婢に関する一連の文書を吟味してきた。そのことによって明らかとなったのは、帰属奴婢が労役に駆使され使い捨てにされるというような、単純な労働奴隷ではなかったことである。むしろ宗教共同体としての東大寺が収容したのは、労働奴隷とは到底言えない者たちであった。寺奴婢のうち最多の構成人員となる施入奴婢では、十歳未満の子供がもっとも多く、二十歳未満の未成年が半数以上を占めていた。また当時、政治的にもっとも権勢のあった藤原仲麻呂が全国に呼び掛けた、五人の奴婢を公費で買い入れ、東大寺に寄進するという政策は応ずる諸国が少なく、たとえ応じた国衙（こくが）でも、買い入れた奴婢のほとんどが逃亡するというありさまであった。

大宅可是麻呂に至っては六一人の奴婢を貢進するとしたが、あくまで名目上のことで、すでにほとんどが逃亡し、実際の移住者で確認できるのは一人に過ぎなかった。結局、東大寺が得たのは捉えた逃亡奴婢であり、しかもその大半は幼少児であった。大人の奴はわずか二人、婢は老女と子連れの母親が六人であり、まさに行く当てもない生活弱者だった。東大寺のとるべき道は、彼ら奴婢たちを救済し保護する以外になかったであろう。

幸い施入奴婢の受入れに当たり、太政官の命令で奴長の伊万呂が解放されて佐伯の姓を与えられ、奴婢「五十戸」の監督者に任命された。これを契機に東大寺の寺域内に寺奴婢共同体が組織され、東大寺三綱と連携して、母子家族の編成、幼児の保育、幼少児の教育、未成年児の職能訓練など、年齢に応じた施策が実施されたことであろう。これが奴婢関連文書から浮かび上がってくる彼らの姿である。やがて寺奴婢は解放後、子々孫々、それぞれの職能を生かしながら東大寺の補完的役割を担い、良賤の差別感を克服し、持続可能な組織体へと成長していった。しかもその後も長く存続することになった。これは特筆すべき歴史事象であると思うのである。

（追筆）

本書を草するに当たり、東大寺史研究所所長の栄原永遠男氏から文書の解釈など、貴重な示唆を得た。日本古代史が専門でない筆者にとって良き導き手を果たされた。記して謝意を表したいと思う。また本書の刊行を快く引き受けてくださった阿吽社の小笠原正仁社長には大変お世話になった。厚く御礼申し上げたい。

令和三年六月吉日

森本公誠

註

（1）青木和夫ほか校注『続日本紀』一〜五（新日本古典文学大系、岩波書店、一九八九—一九九八）—以下続紀と略称—③巻95—97頁。以下「巻」「頁」を省略。

（2）続紀③97。

（3）『大日本古文書』編年文書—以下大日古と略称—④426。

（4）続紀③103。

（5）続紀③187。

（6）本書ではとくに以下の諸論を参考にした。竹内理三編『寧楽遺文』（東京堂、一九六二）下巻解説1—157頁、石上英一「官奴婢について」（『史学雑誌』80—10、一九七一）1—48頁、神野清一『日本古代奴婢の研究』（名古屋大学出版会、一九九三）第Ⅱ部（「官奴婢の存在形態と職掌」「東大寺における奴婢の用役形態」「東大寺奴婢籍の編首奴婢」）88—155頁、平田耿二『日本古代籍帳制度論』（吉川弘文館、一九八六）第四部（古代籍帳の史料的価値についての再論）338—484頁、小倉道子「律令良賤制下の奴婢の存在形態—大宅朝臣可是麻呂の貢進奴婢を中心に—」（『市大日本史』第14号、二〇一一）59—88頁。

（7）竹内前掲書741—781頁に「東大寺奴婢帳」として紹介されている。

（8）『大日本古文書』家わけ十八、東大寺文書、東南院文書之三—以下東南院と略称—③121（No.629—6）、同編年文書⑨139。

（9）東南院③82—84（No.615）、大日古⑤669—670。

（10）東南院③96―97（No.624）、大日古②522―523、⑨254―255。原本は民間会社蔵。

（11）神野氏はこの近江国司が伝える買賤進上を同年三月に行われた皇后宮職から金光明寺三綱所への奴一名の施入と同一の行為とみなし、同じ範疇の奴婢と位置付けているが、解文はあくまで太政官宛に上申したもので、主旨は異なる。史料としての公文書の取扱いは注意を要するのではないか。

（12）井上光貞他校注『律令』（日本思想大系3、岩波書店、一九七六）―以下律令と略称―378。古代律令官制では二官八省といい、太政官・神祇官の二官と、さらに太政官の下に、中務省・式部省・治部省・民部省・兵部省・刑部省・大蔵省・宮内省の八省が置かれた。神祇官も行政上は、太政官の指揮下にあった。

（13）続紀②297。

（14）大日古②21。

（15）東南院③65―66（No.603）、大日古③344―345。

（16）律令649参照。

（17）大日古⑩317。

（18）東南院③63―64（N0.602）、大日古③355―56。

（19）筒井英俊校訂『東大寺要録』（国書刊行会、一九七七）―以下要録と略称―38。続紀③79。

（20）大日古②648。

（21）東南院③189―190（No.643）、大日古③376―377。

（22）東南院③66―67（No.604）、大日古③391―392。

（23）東南院③190―191（No.644）、大日古③392。

（24）東南院③191―192（No.645）、大日古③394。

（25）東南院③192―193（No.646）、大日古③407―408。

（26）東南院③193―194（No.647）、大日古③409。

(27) 大日古③502―503。原本は個人蔵。
(28) 大日古①597、640。
(29) 東南院③99―101(No.626)、③187―189(No.642)、大日古③389―390。
(30) 続紀③89。
(31) 東南院③167―168(No.637)、大日古③404―405。
(32) 東南院③185―187(No.641)、大日古⑨643―644。
(33) 大日古②658。
(34) 続紀②171。
(35) 大日古①481―487、632。
(36) 大日古⑥119―120。
(37) 大日古③126―127。
(38) 東南院③183―184(No.639)、大日古③259。
(39) 大日古③271。
(40)『類聚三代格』巻三(110頁)。
(41) 東南院③164(No.634)、大日古③321。
(42) 続紀②77。
(43) 続紀②431。
(44) 続紀②75。
(45) 続紀③349。
(46) 続紀②828、補注8―60、同④556、補注31―70。
(47) 律令567。

(48)『旧唐書』巻43、職官志2。
(49)『旧唐書』巻188、列伝第138、孑子餘。
(50)東南院③115—116(No.629)、大日古③366—367。
(51)東南院③102—109(No.627)、大日古③368—374。
(52)続紀②437—439。
(53)続紀①3。
(54)『旧唐書』列伝、巻199上、列伝149上、東夷、日本国。
(55)続紀②247。
(56)大日古㉔45、要録7—8。
(57)『スッタニパータ』(ブッダのことば)No.136、中村元訳、岩波文庫。
(58)続紀②441。
(59)続紀③17。
(60)東南院③109—115(No.628)、大日古③359—366。
(61)書紀、持統天皇四年三月二十日条。
(62)大日古①560。
(63)続紀②131—133、137。
(64)嶋宮については但馬国正税帳に天平九年二月十日の民部省符によって嶋宮奴婢食米三〇斛、頴稲にして六〇〇束を進上したとある(大日古②56)。官奴婢については同じ但馬国正税帳に同年十一月十二日の民部省符で食米三〇斛、頴稲にして六〇〇束を(大日古②56)、和泉監正税帳に同年十一月十二日の民部省符で食料として米一九斛九斗六升五合、頴稲にして三九九束三把を(大日古②77)、同じ和泉監正税帳に日根郡分として同年十一月十三日の民部省符で食料として米五斛九斗六升五合、頴稲にして一一九束三把を(大日古②90)進上したとある。

(65) 大日古㉕211。
(66) 続紀②199、類聚三代格巻4。
(67) 大日古②458―459。
(68) 東南院③116（No.629―1）、大日古③366―367。
(69) 東南院③120（No.629―5）、大日古③393。
(70) 東南院③102―109（No.627）、大日古③368―374大日古③368―374。
(71) 大日古㉕1―2。原本は個人蔵。
(72) 東南院③117（No.629―2）、大日古③375―376。
(73) 東大寺文書之七、東大寺図書館架蔵文書之二―以下東大寺文書と略称―53―54。大日古㉕2、③524―525。
(74) 東南院③120（No.629―5）、大日古③393。
(75) 東南院③119―120（No.629―4）、大日古③477。
(76) 大日古㉕3、大日古④181。
(77) 東南院③118―119（No.629―3）、大日古⑪476―477。
(78) 東大寺文書⑦51―52、大日古③490―491。
(79) 東大寺文書⑦53、大日古③524―525。
(80) 東大寺文書⑦54、大日古③535―536。
(81) 続紀③109。
(82) 大日古④34。
(83) 要録260、301―302。
(84) 大日古③556。
(85) 大日古④41―42、45、㉕180。

(86) 栄原永遠男『奈良時代写経史研究』(塙書房、二〇〇三)。山下有美『正倉院文書と写経所の研究』(吉川弘文館、一九九九)。
(87) 大日古⑬170—171、213、④229—230。
(88) 大日古⑯109。
(89) 大日古⑤484—485。
(90) 大日古⑤685—691。
(91) 大日古⑤530。
(92) 大日古⑯566—593。要録巻四諸院章「正蔵院」に、鎰(かぎ)七具(勅封二具、綱封二具、北隔一具、東三倉一具、西行南一倉一具)のあと、北倉代について「賚持灌頂等を納む」の注記がある。
(93) 大日古⑯569—570。
(94) 大日古⑤538。
(95) 大日古⑯587。
(96) 大日古⑯578—581。
(97) 「古代東大寺の楽舞と楽人」『論集 古代東大寺の世界』、(ザ・グレイトブッダ・シンポジウム論集第14号、東大寺、二〇一七)。
(98) 律令426。
(99) 続紀②125。
(100) 平田耿二前掲書338—484頁、第四部Ⅷ良賤訴訟と戸籍—大宅朝臣広麻呂戸の戸賤資料が語るもの—。
(101) 東南院③153(No.632—3)、149—152(No.632—2)、154—156(No.632—4)、大日古②281—282、300—303、338—340。
(102) 東南院③184—185(No.640)、『寧楽遺文』下巻744。
(103) 東南院③142—143(No.631)、大日古③322。

(104) 東南院③157―163(No.633)、大日古③322―327。

(105) 東南院③143―149(No.632―1)、大日古③396―401。

(106) 大日古③459―460。原本は早稲田大学図書館所蔵。

(107) 東南院③149―152(No.632―2)、大日古②300―303。

(108) 東南院③165―166(No.635)、大日古③460―461。

(109) 東南院③166―167(No.636)、大日古③462。

(110) 東大寺文書⑦51―52、大日古③490。

(111) 東大寺文書⑦54―55、大日古④186。

(112) 大日古③491―492。原本は大倉集古館所蔵。

(113) 大日古⑭269―273、『寧楽遺文』下、781―783。

(114) 平田前掲書、443―444。

(115) 続紀③121。

(116) 東大寺文書⑦56―57、大日古④181―182。なお一見してこの東大寺三綱牒に酷似する文書が藤田美術館に存在する。内容もほぼ同じである。しかも字面に「東大寺印」の朱方印が捺されていて、署判も近似しており、あたかも原本であるかのような体裁をしている。実は同美術館はこの文書を含め、三通からなる「東大寺奴婢見来帳」一巻を所蔵していて、他の二通のうち、一通はこれまで紹介した東大寺本奴婢見来帳第一通目の婢飯刀自女等の見来に、もう一通は第五通目の婢黒刀自女等の見来に相当し、しかも東大寺本にはなかった「民部之印」が捺されている。これら三通を子細に実見した山本信吉氏は「民部之印」の捺印に疑問を持ち、また印影が印肉によるものではなく、朱墨を用いたものであることを見抜き、いずれも江戸後期に、正倉院文書に精通した何者かによって作成された擬古文書であるとされた。山本信吉「東大寺奴婢帳の擬古文書」正倉院文書研究会編『正倉院文書研究』7(二〇〇一)、一―一五頁。

(117) 続紀③155。

(118) 大日古㉕2―4。原本は大東急記念文庫蔵。
(119) 続紀④327。
(120) 続紀④349。
(121) 続紀③257。
(122) 大日古⑭444―445。
(123) 続紀③387。
(124) 大日古④194―196。
(125) 続紀④345。
(126) 類聚三代格巻三。
(127) 続紀④129。
(128) 続紀④135―139。
(129) 続紀④153。
(130) 続紀④155―157。
(131) 続紀④185。
(132) 続紀④267。
(133) 東南院③122―141（No.630）、大日古⑥428―446。
(134) 大日古⑬36。
(135) 続紀⑤423。
(136) 続紀⑤427―29。
(137) 続紀⑤429。
(138) 要録366。

(139) 要録の写本の写真版該当箇所を見ると、なぜか「六十」となっている。
(140) 要録261。

略年表

大宝元年（七〇一）一月遣唐使を任命。六～八月大宝律令制定
和銅三年（七一〇）三月平城遷都
養老七年（七二三）四月三世一身法制定
神亀元年（七二四）二月聖武天皇即位
神亀五年（七二八）九月基親王薨去、十一月山房の造営を命じる
天平元年（七二九）二月長屋王の変。八月天平と改元。藤原光明子立后
　三年（七三一）八月行基に従う優婆塞・優婆夷の出家を許す。九月聖武天皇『雑集』を書写
　四年（七三二）この夏旱魃の害
　五年（七三三）この年、飢饉・疾病にたおれる者多く、正税を借貸させる
　六年（七三四）四月大地震起こる。この年、勅願一切経願文に経史より釈教最上と表明
　七年（七三五）この年、不作。夏から冬まで天然痘流行し、死者多数
　八年（七三六）二月浮浪人の公民籍の編附を停め、浮浪人帳に登録
　九年（七三七）三月国ごとの釈迦三尊の造像を命じる。四～九月天然痘流行、死者多数。十月最勝王経を大極殿に講ずる
　十年（七三八）一月阿倍内親王立太子

十二年　（七四〇）　二月聖武天皇、河内国知識寺に盧舎那仏を拝する。九月藤原広嗣の乱。十月金鍾寺にて華厳経講説始まる。東国行幸に出発、十二月恭仁宮に到る

十三年　（七四一）　二月国分寺・国分尼寺建立の詔

十五年　（七四三）　五月墾田永年私財法制定。九月官奴斐太研磨の技巧で良民となり、大友史と賜姓。十月盧舎那大仏造立発願の詔

十六年　（七四四）　二月聖武天皇馬飼・雑戸の解放を命じる。七月紀清人紀氏の奴婢の解放を天皇に上表。十一月甲賀寺に盧舎那仏像の体骨柱を建てる

十七年　（七四五）　四～五月地震続く、平城還都。八月大養徳国金光明寺（東大寺）で大仏造立事始め。九月巨勢奈弖麻呂一族の奴婢二〇三人の所有権をめぐる訴訟を取り下げ、解放を天皇に上表

十八年　（七四六）　七月近江国より奴婢進上。十月聖武天皇ら東大寺に行幸、塑造の盧舎那大仏像を燃灯供養

十九年　（七四七）　九月盧舎那大仏の鋳造始まる。十二月寺家近江国坂田郡婢二人買い取る

二十年　（七四八）　七月以前に造東大寺司設置。十月寺家左京一条三坊奴婢四人買い取る

二十一年（七四九）　二月陸奥産金。四月聖武天皇、産金を大仏に報じ、天平感宝と改元。閏五月太上天皇沙弥勝満と自称。六月寺家左京六條一坊婢二人買い取る。七月聖武天皇譲位

天平勝宝元年（七四九）　七月孝謙天皇即位。八月紫微中台設置。九月藤原仲麻呂諸国に奴婢の買進を命じる。十月大仏の鋳造終わる。十二月丹後国より奴婢進上。宇佐八幡神、東大寺参拝。太上天皇、東大寺への奴百人婢百人施入の勅

二年　（七五〇）　一月但馬国より奴婢進上。三月治部省東大寺に施入奴婢二〇〇人の名簿を渡し、奴長

伊万呂を解放し奴婢「五十戸」長に任じたと知らせる。四月美濃国より奴婢進上。五月大宅可是麻呂六一人の奴婢貢進名簿を東大寺に提出

三年（七五一）一月孝謙天皇、東大寺行幸、大仏殿造営を督励。二月治部省、寺婢二人の解放を東大寺に通告。三月茨田久比麻呂ら良民身分の証明を求めて提訴。五月下総国より逃亡婢二人を進上

四年（七五二）四月大仏開眼供養会厳修

七歳（七五五）十月恩勅により奴婢七人解放

八歳（七五六）五月聖武太上天皇崩御

九歳（七五七）五月養老律令施行

天平宝字元年（七五七）七月橘奈良麻呂の変

二年（七五八）七月孝謙天皇光明皇太后の病気平癒を願って官奴婢と紫微中台の奴婢を解放。八月孝謙天皇譲位、大炊王即位（淳仁天皇）

四年（七六〇）三月没官の奴二三三人、婢二七七人を雄勝柵に配して良民とする

五年（七六一）八月今良三六六人を左右京職・大和・山背・伊勢・参河・下総等諸国に編附

八年（七六四）九月藤原仲麻呂の乱。孝謙太上天皇重祚（称徳天皇）。十二月婢二人解放

天平神護二年（七六六）五月薬師寺奴婢のうち満六十歳以上の者と才能勇勤なる者を解放。八月諸国分寺に三年を限りとして不良奴婢の本主への返還を勧める。十月道鏡を法王、藤原永手を左大臣、吉備真備を右大臣に任ずる

三年（七六七）一月諸国国分寺で吉祥天悔過法を厳修。二月称徳天皇七大寺への行幸始まる。興福寺の奴婢五人に爵位を賜与。三月元興寺の奴婢に賜爵。薬師寺の長上工以下、

奴婢以上の二六人に賜爵、奴息麿を解放して殖栗連と賜姓、婢清売に忍坂と賜姓。四月法隆寺の奴婢二七人に賜爵。七月東大寺奴婢帳目録作成

神護景雲元年（七六七）十月四天王寺の家人と奴婢三二人に賜爵

三年（七六九）十月智識寺の今良二人、四天王寺の奴婢一二人に賜爵

宝亀元年（七七〇）八月称徳天皇崩御。十月白壁王即位（光仁天皇）

二年（七七一）八月僧綱および十二大寺等の印を改鋳。十月治部省奴婢従良調査。東大寺の婢四人解放。十一月奴婢三人解放

三年（七七二）十月僧綱より奴婢造籍帳作成の指示。十二月東大寺奴婢帳造籍

天応元年（七八一）四月光仁天皇譲位、山部親王即位（桓武天皇）。早良親王立太子

延暦三年（七八四）六月造長岡宮使を任ずる。十一月長岡遷都

四年（七八五）五月僧尼統制令。九月藤原種継暗殺事件、早良親王廃太子、死去

八年（七八九）三月造東大寺司を廃止。五月良民と奴婢の子の身分を良民に改定

十一年（七九二）十二月東大寺三綱は広前ら奴婢を良民身分とすることを請願、天皇聴許

十三年（七九四）十月平安遷都

嘉承元年（一一〇六）『東大寺要録』序文記す

参考文献

本書を通じて一貫して用いた基礎史料は左記のとおりである。

青木和夫ほか校注『続日本紀』一〜五（新日本古典文学大系、岩波書店、一九八九—一九九八）
『大日本古文書』家わけ十八、東大寺文書、東南院文書之三
『大日本古文書』家わけ十八、東大寺文書之七、東大寺図書館架蔵文書之二
『大日本古文書』編年文書
竹内理三編『寧楽遺文』東京堂、一九六二
筒井英俊校訂『東大寺要録』国書刊行会、一九七七
井上光貞他校注『律令』日本思想大系3、岩波書店、一九七六
蔵中しのぶ『『延暦僧録』注釈』大東文化大学東洋研究所、二〇〇八
東京女子大学古代史研究会編『聖武天皇宸翰『雑集』「釈霊実集」研究』汲古書院、二〇一〇
上代文献を読む会編『上代写経識語注釈』、二〇一六
以上のほか『日本書紀』『類聚三代格』『日本後紀』『大正新脩大蔵経』『旧唐書』など随時参照した。

本書全体に係わる主な概説書・参考書は左記のとおりである。研究論文は省く。

栄原永遠男『日本の歴史4　天平の時代』集英社、一九九一
朝尾直弘ほか編『岩波講座日本通史』第3巻古代2。一九九四
同右、第4巻古代3、一九九四

渡辺晃宏『日本の歴史04　平城京と木簡の世紀』講談社、二〇〇一
大津透ほか『古代天皇制を考える』日本歴史08、講談社、二〇〇一
堀池春峰監修『東大寺文書を読む』思文閣出版、二〇〇一
吉川真司編『平安京』日本の古代史5、吉川弘文館、二〇〇二
田辺征夫ほか編『平城京の時代』古代の都2、吉川弘文館、二〇一〇
吉川真司『聖武天皇と仏都平城京』講談社、二〇一一
大津透ほか編『岩波講座日本歴史』第4巻古代4、二〇一五
大津透『古代の天皇制』岩波書店、一九九九
森田悌『王朝政治』教育社歴史新書、一九七九
岸俊男『藤原仲麻呂』吉川弘文館、一九八七
瀧浪貞子『帝王聖武　天平の勁き皇帝』講談社選書メチエ、二〇〇〇
国立歴史民俗博物館編『桓武と激動の長岡京時代』山川出版社、二〇〇九
森本公誠『聖武天皇　責めはわれ一人にあり』講談社、二〇一〇
瀧浪貞子『光明皇后　平城京にかけた夢と祈り』中公新書、二〇一七
杉本一樹『正倉院』中公新書、二〇〇八
丸山裕美子『正倉院文書の世界』中公新書、二〇一〇
木本好信『藤原仲麻呂』ミネルヴァ書房、二〇一一
勝浦令子『孝謙・称徳天皇』ミネルヴァ書房、二〇一四
森本公誠『東大寺のなりたち』岩波新書、二〇一八
堀池春峰『南都仏教史の研究』法蔵館、一九八〇
吉田孝『律令国家と古代の社会』岩波書店、一九八三

参考文献

平田耿二『日本古代籍帳制度論』吉川弘文館、一九八六
永村真『中世東大寺の組織と経営』塙書房、一九八九
神野清一『日本古代奴婢の研究』名古屋大学出版会、一九九三
前田泰次他『東大寺大仏の研究　歴史と鋳造の技術』岩波書店、一九九七
山下有美『正倉院文書と写経所の研究』吉川弘文館、一九九九
栄原永遠男『奈良時代写経史研究』塙書房、二〇〇三
本郷真紹『律令国家仏教の研究』法蔵館、二〇〇五
竹内亮『日本古代の寺院と社会』塙書房、二〇一六

著者紹介

森本公誠（もりもと・こうせい）

東大寺長老・文学博士

1934年生まれ。15歳で東大寺に入寺。1957年、京都大学文学部卒業。1964年、京都大学大学院博士課程修了。1965〜1998年、京都大学文学部講師（非常勤）。
東大寺内では、図書館長、学園常任理事、財務執事、教学執事、執事長・華厳宗々務長、上院院主・学園理事長などを歴任。
2004〜2007年、東大寺第218世別当・華厳宗管長
2007年以降、東大寺長老
2010〜2013年、東大寺総合文化センター総長
2015年、外務大臣表彰

著書に『初期イスラム時代エジプト税制史の研究』（日経・経済図書文化賞受賞）、『善財童子 求道の旅―華厳経入法界品・華厳五十五所絵巻より―』、『世界に開け華厳の花』（圓山記念文化賞受賞）、『聖武天皇 責めはわれ一人にあり』、『イブン・ハルドゥーン』、『東大寺のなりたち』など。

訳書にイブン＝ハルドゥーン『歴史序説』全4冊、タヌーヒー『イスラム帝国夜話』上下（日本翻訳文化賞受賞）。

東大寺奴婢集団のサバイバル　～慈悲につつまれて～

2021年10月31日　初版第1刷発行

著　者――森本公誠
発行者――小笠原正仁
発行所――株式会社 阿吽社
〒602-0017 京都市上京区衣棚通上御霊前下ル上木ノ下町 73-9
TEL 075-414-8951　FAX 075-414-8952
URL : aunsha.co.jp
E-mail : info@aunsha.co.jp

装　丁――清水　肇（プリグラフィックス）
編集協力――大槻武志・小山　光
印刷・製本――モリモト印刷株式会社

 ISBN978-4-907244-43-9 C0021
定価はカバーに表示してあります

★阿吽社の本

牧　英正◉著

差別戒名の系譜　偽書『貞観政要格式目』の研究

定価：本体1500円＋税　ISBN 978-4-907244-06-4

牧　英正◉著

身分差別の制度化

定価：本体8000円＋税　ISBN 978-4-907244-13-2

牧　英正・安竹貴彦◉著

大阪「断刑録」　明治初年の罪と罰

定価：本体2000円＋税　ISBN 978-4-907244-31-6

奥村郁三◉著

日本史上の中国　金印・那須国造碑・飛鳥・新律綱領・令集解

定価：本体8000円＋税　ISBN 978-4-907244-21-7

仲尾　宏◉著

京都の渡来文化と朝鮮通信使

定価：本体1800円＋税　ISBN 978-4-907244-37-8

矢野治世美◉著

和歌山の差別と民衆　女性・部落史・ハンセン病問題

定価：本体2500円＋税　ISBN 978-4-907244-30-9

福田亮成◉著

空海散華　お大師さまとともに〈全3巻〉

——身の巻・手に印を結ぶ／口の巻・真言を唱える／意の巻・心に仏を想う

各巻定価：本体1000円+税　ISBN 978-4-907244-16-3 / 978-4-907244-17-0 / 978-4-907244-18-7

大塚秀高◉著

「生(しょう)・死(じ)」の刹那(せつな)を生きる　仏教〈心理臨床〉講話

定価：本体2400円+税　ISBN 978-4-907244-22-4

奈良行博◉著

現代中国の道教　庶民文化に生きる信心文化

定価：本体3000円+税　ISBN 978-4-907244-11-8